世界史の鏡 国家7

神聖ローマ帝国

―ドイツ王が支配した帝国―

池谷文夫

刀水書房

世界史の鏡

このシリーズは，現場の歴史家たちが，それぞれの素材をとおして語る，あたらしい世界史のこころみです。20世紀の終幕のまえまでには見えなかった「現在」と「現在にいたる世界史」が，さまざまな切り口から説きおこされます。全101冊が揃うとき，21世紀の世界史百科が完成します。

樺山紘一編

目次

地図一覧

装丁　的井　圭

神聖ローマ帝国

――ドイツ王が支配した帝国

はじめに　帝国都市フランクフルトと皇帝選挙

ドイツの文豪ゲーテ（一七四九～一八三二）の『詩と真実』によると、一七六四年、マイン川沿いのフランクフルト市はヨーゼフ大公の*ローマ王選挙と戴冠式で沸き返った。一三五六年制定の「金印勅書」で、神聖ローマ帝国の「皇帝となるべきドイツ王」が七名の選挙侯によって選挙される地が、ゲーテの生まれ故郷となるフランクフルトに定められてから、四〇〇年余りが過ぎていた。皇帝の戴冠式・宴会もまた、当時同市で行われる慣行となっていた。ゲーテは当時一四歳。

前年末から年初にかけて同市では選帝侯会議の開催が布告された。それから戴冠式及び宴会式典の四月三日をピークに、同市は様々な準備と儀式・式典等の挙行・開催に追われ、市民たちも上から下まで、外来の客人たち、王侯貴族から商人その他までへの応対、宿舎提供、様々な儀式や行列の見物等で多忙な日々を過ごす。

選挙日が決められ、会議主宰者マインツ大司教選帝侯が入市式を行う。戴冠式とその後の宴会の有様を少年ゲーテは宴会の広間に紛れ込んで目撃するが、市民生活の光景など、その叙述は晩年のゲーテが七〇年程前の記憶を詳細にたどり、華麗に展開されている。

ヨーゼフ大公の父、フランツ一世（マリア・テレジアの夫）の一七四五年の戴冠式を見た年配の人の話もゲーテは引用する。「マリア・テレジアはその祝典を市庁に隣接する家のバルコニーの窓から眺めていた。いよいよ夫帝が奇妙ないでたちで大聖堂から出てきて、彼女の前にいわばカール大帝の亡霊のような姿を現した時、彼はいたずらっぽく両手を差し上げて、彼女に地球儀や王笏や奇妙な手袋を見せたので、彼女はとめどもなく笑いはじめた。これを見て見物の群衆はすべて非常に喜び、また心うたれた。群衆はキリスト教世界最高の夫妻の美しい自然な夫婦関係を目にする栄誉を与えられたからである」と。

正式名がフランクフルト・アム・マインである同市は七四九年のカール大帝の文書に現れる。かつてローマ人がマイン川沿いに重要な防衛拠点を築き、やがてカール大帝の宮廷が置かれた事に由来する都市である。中世以来の商業都市、帝国都市、大市の開催地であり、中世末から近世にかけて一大商業都市であり、一三五六年制定の「金印勅書」では皇帝選挙が行われる都市となる。カール大帝、フランクフルトの来歴、皇帝選挙・戴冠式・宴会は、市民にとってまさに由緒ある市の歴史そのものだった。

市庁舎の一室にある戴冠式等に使用する什器をこっそりと見て、ガラクタの様だとの感想を持ったゲーテであるが、その一方で、眼前で挙行されたヨーゼフ大公のローマ王選挙の後の宴会の華麗さを、気分高揚の中で経験してもいる。彼における新旧意識の並存こそ、中世以来の長い伝統に立った近世・近代ドイツ人の心性であろう。

中世の初期にアルプスの北に強力な覇権が生まれた。ローマで皇帝冠を受けることになるカール大帝（フランク王、在位七六八～八一四）はアーヘンに王宮を建設し、長期の帝国内巡幸の途中でしばしばここに滞在した。とはいえ、彼の帝国がその後分裂した後、「中部王国」（Mittelreich）を含む東フランク王国を継いだドイツ王国は、一所に首都や宮廷を固定することなく、またそうできずに、自家の家領や、帝国領、帝国都市の王城・宮館、帝国司教城館等を順次移動しつつ権力を行使した。帝国初期のオットー大帝然り、中世盛期のバルバロッサ然り、中世後期のカール四世もまた然りである。皇帝は自己の領地や財産によりつつ、ドイツ及びイタリアを統治したのである。中世を通じてこのことは基本的に変わらなかった。

中部ヨーロッパとイタリア地域にまたがる「帝国」において、かつてのローマ帝国と異なって、中央集権的な統治が困難だったのは、いかなる理由によるものなのか。そもそも「神聖ローマ帝国」と呼ばれる存在とは一体何だったのか。フランスやイギリスと比べて、ドイツでは中世を経過する中で中央権力が弱体化していったのはなぜか。中世後期以降の領邦国家体制と近代におけるドイツ統一問題とも密接に関わる神聖ローマ帝国（「中世ドイツ帝国」）の実体を探ってみよう。

*文中の「ローマ王」（正式には「ローマ人の王」rex Romanorum）に関しては、本文六九頁、七七頁、九四頁、九五頁、一一四頁等の記述を参照のこと。

第一章　「神聖ローマ帝国」とは何か？

1　「神聖ローマ帝国」を研究すること

始めのQ&A

後の諸節で詳しく論ずるところではあるが、まずは幾つかのQ&Aから始めよう。

この帝国の正式な名称は何か？——基本的には「ローマ帝国」だった。オットー・ザリアー朝時代には「ローマ人の帝国」「ローマ帝国」と呼ばれ、シュタウフェン朝時代には「神聖帝国」「神聖ローマ帝国」の呼称が加わり、一五世紀になると「ドイツ国民の神聖ローマ帝国」の呼称が加わった。しかし中世を通じて「ローマ帝国」と呼ばれていた。

この帝国はいつからいつまで続いた？——九六二年のオットー大帝の皇帝戴冠から、一八〇六年の正式消滅までであるが、実際にはカール大帝による「ローマ帝国」の復活から意識され、ウェストファリア条約以降、本格的に「ドイツ帝国」へと縮小した。

なぜドイツ王が支配しているのに「ローマ帝国」なのか？――カール大帝以来、アルプスの北の覇権勢力がイタリアに勢力を伸ばし支配し、ローマでの皇帝戴冠を通じて古代ローマ以来の「帝国」を統治する図式が生じた。特にオットー大帝以後、ドイツ王が「カトリック教会」を守護し、「ローマ帝国」を統治するに至る。

この帝国は無理な作り方をされていないか？――歴史的にキリスト教（ローマ教会）とローマ帝国（理念と歴史）とドイツ王の覇権（軍事的覇権）の三要素の組み合わせにより成立しており、聖俗両権が協働してキリスト教ローマ帝国を発展させるため、成立時においてもその後の歴史においても甚だしく無理な存在ではなかった。

この帝国で皇帝になるのはだれか？――選挙で選ばれアーヘンで戴冠したドイツ王が后を伴い軍勢を率いてローマに遠征して皇帝・皇后冠を受けることで皇帝は誕生する。

なぜローマで教皇が皇帝冠を授けるのか？――ドイツ王はイタリアとブルグントの両王国も支配するが、キリスト教会の最高の守護者、西方世界の首長としての皇帝・皇后の地位がローマでの皇帝戴冠によって付加するためである。

ドイツ王以外に皇帝になった者はいるか？――大空位時代（一二五六～七三）に二人のドイツ王が

それぞれの与党により選ばれた。カスティリャ王アルフォンソ一〇世とイングランドのコーンウォール伯リチャードである。しかしアルフォンソはドイツに一歩も印さず、リチャードはライン川地域に現れたのみで、皇帝戴冠のためのローマ遠征は不可能だった。一六世紀初めにフランス王フランソワ一世がカール五世の対抗馬として皇帝選挙に立候補して選帝侯への多数派工作を行ったが果たせなかった。

なぜ神聖ローマ帝国を研究するのか？　意味がある研究なのか？——次の節からはこの問から論じよう。

今なぜ神聖ローマ帝国なのか？

私は現在、神聖ローマ皇帝の幾人かについて、あらためて調査研究している。少し前までは、「神聖ローマ帝国」という名称は、虚名の最たるもので、矛盾きわまりないものという評価だった。古代ローマ帝国が滅んだ後に、キリスト教的な装いをまとって誕生した「帝国」であり、しかもそれを主導した勢力が、ゲルマン人の末裔である「ドイツ人」だったからなおさらである。

この「神聖ローマ帝国」という呼称の中に、ローマ的要素、ゲルマン（ドイツ）的要素、キリスト教的要素の三つが合流（混合？）しているとされ、中世ヨーロッパ世界の多層的な構造を象徴するものだった。実際のヨーロッパ世界は、中世約一〇〇〇年間のうちにこれら三要素の融合が進み、現在のヨーロッパにつながるものが熟成された。ところが、一九世紀初めにナポレオンによるいわば大掃除により消滅する「神聖ローマ帝国」の方は、それが存在したこと自体が虚構で、無理矢理に存続させられたにすぎない、と近代歴史学によって批判され続けてきた。

一九世紀以来、欧米のドイツ史研究者たちが主張してきたのは

「そもそも、ドイツ王がローマ帝国の皇帝を兼ねること自体が、当初から矛盾を内包しており、カール大帝の版図と比べても、空間的に異なっている」

「「ローマ帝国」「神聖ローマ帝国」「ドイツ国民の神聖ローマ帝国」等々の呼称は、それ自体に極めて大きな矛盾を含むものであったし、帝国の存在自体が異常であった」

「ドイツの支配者が虚名の皇帝位を得るために繰り返した「イタリア遠征」（いわゆる「イタリア政策」の一環）は、無理に無理を重ねた壮大な失敗であった」

「ドイツの国家統一が遅れる更なる大きな原因は、「皇帝政策」（イタリア政策）だけではなく、固執された選挙による王位継承が、支配者に継続する政策遂行を阻害したからである」

「ドイツにおける地方割拠主義が、王位を得た家門にとって政策遂行の幅を狭めたために、中央権力の発展が阻害されて統一より分裂を促進した」

という趣旨の言説だった。

しかしながら、よく考えてみると

★オットー大帝はなぜ三回もイタリア遠征をしたのだろうか（第一次九五一～九五二、第二次九六一～九六五、第三次九六六～九七二）。しかも何年も継続してイタリアに滞在している。シュタウフェン朝のフリードリヒ一世バルバロッサ（赤髭）に至っては、六回のイタリア遠征を行った（一一五四～五五、一一五八～六二、一一六三～六四、一一六六～六八、一一七四～七八、一一八四～八六）。アルプスを越えて南へ、イタリアへと遠征することの意味は一体何だったのだろうか。

★歴代皇帝の「イタリア政策」（具体的には、ローマで皇帝・皇后戴冠を行い、正統性を得ること、現実にイタリアを統治すること、ローマ教皇を頂点とするカトリック教会を守護すること）への否定的評価は、後世になればなるほど高まるのだが、中世の当事者たちは、我々よりもはるかに熱情をもってイタリアへ遠征し、行動していたことは事実であり、それを歴史叙述に反映させていた。皇帝権は現実的存在だったのである。

★カリスマを有する皇帝の権威・権力・特権から見て、〈ローマは戴冠に値する〉のであった。中世盛期を過ぎた時代には、なおさら「皇帝」の「力量」が渇望されたが、皇帝戴冠を果たせなかったドイツ王も少なからず生じた。「戴冠式を挙げた皇帝」よりも実ははるかに強力な者もいたのであるが（シュタウフェン朝のコンラート三世や大空位時代直後のハプスブルク家のルードルフ一世など）。在位期間が短かったり、国内統治に忙殺されたり、〈諸般の事情〉があった。近世以後は、ドイツ王に選出された者＝神聖ローマ皇帝、が常態となる。まさに「ドイツ国民の神聖ローマ帝国」の皇帝だった。

予備知識としての神聖ローマ帝国略史（一五世紀末まで）

［オットー朝］　オットー朝（ザクセン朝とも言う）の根拠地は北ドイツのザクセン地方である。この地を治世開始から三〇年にもわたる戦役の末に服属させ、キリスト教化したのがカール大帝だった。この地域は東フランク＝ドイツ王国の成立（九一一年）後、フランケン、ロートリンゲン、シュヴァーベン、バイエルン、と共に大公を擁する五大領国の一つとなり、王朝初代のハインリヒ一世（在位九一九〜九三六）の息子オットー大帝の治下にドイツ王・皇帝として、東方及び南方へとドイツの勢力圏を拡大した。その子オットー二世はビザンツ皇女を皇后とし、孫のオットー三世がイタリアを重視してローマを帝国の首都とする方向でガリア、イタリア、ゲルマニア、スクラヴェニア（スラヴ地域）を結合して「ローマ帝国の復興」を推進しようとしたが、若死にし、王朝最後のハインリヒ二世（在位一〇〇二〜二四、オットー二世の従兄弟）はドイツの建て直しとブルグント王国の帝国編入に努力した。

［ザリアー朝］　中部ドイツのフランケン地方を地盤とした次のザリアー朝のコンラート二世（在位一〇二四〜三九）、その子ハインリヒ三世（在位一〇三九〜五六）、は、ドイツ王のカトリック教会支配を最盛期に導き、教会会議を主導し、教皇庁を服属させて「キリスト教ローマ帝国」の皇帝として君臨するに至るが、孫のハインリヒ四世（在位一〇五六〜一一〇六）はクリュニー修道院改革に始まり、人材を全西欧から登用する教皇庁改革を背景に理論武装をしたグレゴリウス七世率いる教皇座との叙任権闘争に陥り、カノッサ事件の後、曾孫のハインリヒ五世は、「ヴォルムス協約」（一一二二年）により、皇帝が従来執行してきた司教・修道院長など高級聖職者の任命権（人事権）を失い、以後教会諸侯は世俗諸侯と同様に、皇帝からは知行（封土）を受領する封建家臣となる。これまでの「皇帝政策」（「イタリア政策」を含む）は転換を迫られた。

［シュタウフェン朝］　シュヴァーベンを勢力基盤とするシュタウフェン（ホーエンシュタウフェン）朝は北ドイツ及びイタリアのヴェルフェン家と対抗しつつ、自らもイタリア利害を重視した。北イタリア諸都市の経済力を自らの皇帝基盤の強化に活用すべく、フリードリヒ一世バルバロッサ（在位一一五二〜九〇）は六度にわたりイタリア遠征を行う。宗教的権威を失い封建国家への国家再編を余儀なくされた皇帝権にとって、イタリアは金庫だった。シュタウフェン朝は南イタリアのノルマン王国（ナポリとシチリアを支配するシチリア王国）との婚姻により、バルバロッサの息子のハインリヒ六世（在

位一一九〇～九七）は王国相続女と結婚し、孫のフリードリヒ二世（在位一二一二～五〇）は、シチリア・南イタリアを拠点にドイツを統治する。しかしドイツでは世俗諸侯が独自の領国政策を展開し、封建的分立状態が深まってゆく。

［大空位時代以後］　シュタウフェン朝断絶後、大空位時代に、イングランド王弟とカスティリャ王がそれぞれ支持派によりドイツ王に選挙された。大空位以前の三王朝は一見世襲に見えるが、代替わりもしくは父王の在位中にドイツ王に選出され、アーヘンで国王戴冠し、ローマで皇帝戴冠をしてきたのである。教会側からすれば、皇帝は世界に一人。教会の守護者であり世界の平和秩序の保護者であるが故に、その前身のドイツ王もまた適格者が選ばれねばならないという論理だった。従って、「選挙」の持つ意味は英仏などの王よりはるかに重いものだった。

大空位時代後、「選挙侯」が七名に絞られてゆくが、自らも領国の支配者である彼らは、ドイツ王が強大であることも将来強大になることも望まなかった。一二七三年のハプスブルク家のルードルフ一世の選挙から一三四六年にルクセンブルク家のカール四世（在位一三四六～七八）が「王朝」を開始するまで、歴代七名の王たちは、直接父から子への「継承」はなかった。カール四世時代の一三五六年の「金印勅書」は、七名の選挙侯（事実上の選帝侯）によるドイツ王（自動的に皇帝）の選挙を法的に確定した。

［ハプスブルク家］　一四三八年のアルブレヒト二世（在位一四三八〜三九、暗殺）以後、ハプスブルク家のドイツ王（皇帝）が継続するが、世襲ではなく、毎回選挙により選ばれていった。七名の選帝侯が多数決で選出するので、当然、多数を得るべく、ハプスブルク家以外の者が立候補することが可能であり、複数候補者が選帝侯への特権授与を事前に取り決めた（「選挙協約」）。

こうして、ドイツ王は初代コンラート一世（在位九一一〜九一八）の選挙以来、帝国の消滅に至るまで、選挙によって選ばれ続けた。中世後期以降は、選帝侯を先頭にして聖俗諸侯が領国（やがて領邦国家）支配を推し進め、折々の皇帝選挙協約をはじめとして皇帝から様々な特権・譲歩を引き出しつつ近世の領邦国家体制へとつながってゆく。

神聖ローマ帝国史研究の意味とは？

中世の年代記や諸著作で、当事者や著者が極めて厳格に、皇帝称号（ローマでの皇帝戴冠による）と国王称号（選挙とアーヘンでの国王戴冠による）とを書き分けている。なぜ歴代皇帝は帝国内の諸勢力に多大な譲歩と特権授与をしてまでイタリアへ遠征したのか。当時の人々の意識・心性に対して、共感や疑問を感じたことが、私の中世皇帝権研究の原点となった。現在、私が行う研究は、中世後期のドイツにおいて、ドイツ語・ドイツ人・ドイツ王国・ドイツ王権と、神聖ローマ帝国・皇帝権とが、特定の時代において、具体的には（諸著作の中で）その時々に人々によってどのように認識され、識別・弁別され、記述され、議論され、また、そうした心性が持続されてきたのか、を考察することである。

つまりそれは、近代以後の諸研究が提示してきたような、中世における神聖ローマ帝国の存在に対するマイナス評価ではなく、むしろ、中世の政治思想の流れと帝国内の特にドイツ地域における地理的・政治的集合体の自己意識・自己評価という面から検証し、神聖ローマ帝国史への新たな評価を目指すものである。

神聖ローマ帝国とは、一〇世紀初期のカロリング朝断絶後の東フランク＝ドイツ王国を主導力とする。次のオットー朝（ザクセン朝）による軍事的な拡大により、中部ヨーロッパの政治的統合を新たな基盤とし、ライン川の西側（ロートリンゲン、ブルグント）とアルプスの南側（北イタリア）の地域を編入した諸地方の人為的な集合体だった。この帝国は常に二つの政策方向をもっていたと思われる。

★ドイツ（ゲルマニア→東フランク王国）からロートリンゲン・ブルグント・イタリア（カロリング中部王国＋ローマ）の旧カロリング帝国の枢軸地域を貫く南北軸（アーヘン・アルル・ミラノ・ローマの連環）

★旧アウストラシア（フランク王国中枢部分）から東方へ、フランケン、ザクセン・テューリンゲン、ボヘミア（ベーメン）からノルトマルク（後のブランデンブルク）・オストマルク（後のオーストリア）

及びスラヴ地域（エルベ川の東）へと延びる東西軸
これらの交錯する太い両軸を含む帝国だった。後述する一一世紀前半のザリアー朝時代の帝国は、まさに中世最大領域に拡大したキリスト教ローマ帝国だった。
ところが、時代が移って、一四・一五世紀の「帝国」は、まさに「ドイツ」に縮小した「ドイツ人の帝国」になっていた。もちろん近代的な意味での国家ではなかったが。帝国の版図が事実上、アルプスの北の「狭義のドイツ」に縮小しつつある時、「ドイツ」「ドイツ人」「ドイツ語」が、人々にとってはあらためて確定されるべき概念となった。同時に、「ドイツ王」「ドイツ王国」「帝国」「皇帝権」「領邦」に関する新たな概念規定が、当該時代の聖俗の人々の著述の中に、頻繁に、繰り返し現れ、議論される時代となるのである。
中世後期ないし末期の時代（一四・一五世紀）に、英仏とは国家統合の方法と過程とを異にする「ドイツ地域」の政治的・思想的・法的・社会的状況の中で、これらの諸問題をじっくり考えてみたい、というのが私の関心事である。この時代の諸著作や公文書類の読解を継続して進めてゆきたいと考えている。

ところで、ゲーテはどのように「ドイツ文化」の多様性を認識していたか？

一八二八年一〇月のある日、年若いエッカーマンは、ゲーテとドイツの統一について、どういう精神においてそれが可能となり望ましいかを話し合った（『ゲーテとの対話』）。ゲーテにとって、「ドイツが統一されないという心配は、自分にはない」。「立派な道路ができて、将来鉄道が敷かれれば、きっと自ずとそうなるだろう」。一方で「私の旅行鞄が全部で三十六の国を通るたびに開かれないでも済むように、統一してほしいな」「ドイツの国々の間で、国内だとか国外だとか、もうこれ以上言わないようにしたいね」と言う。

しかし、「ドイツの統一の内容が、大国らしい唯一の大規模な首都を持つことであり、この一つの首都が、一人の偉大な才能を伸ばすために有益であるとか、国民大衆の福祉になるとか言うのなら、それはまちがっている」とも言うゲーテである。なぜならば、ゲーテにとっては、フランスのような「心臓としての首都（一つの大中心地）からではなく、十の中心地があって、そこから光明と生命が流れ出ているほうがよい」からである。だからこそ「ドイツが偉大であるのは、驚くべき国民文化が国のあらゆる場所に均等に行きわたっているからだ。ところで、国民文化の発生地で、その担い手となり、育ての親となるのは、各王侯の城下ではないか。――もしも、数世紀来ドイツに二つの首都、ヴィーンとベルリン、あるいはただ一つの首都しかなかったとすれば、いったいドイツ文化はどうなっているか、お目にかかりたいものだ。それればかりか、文化に伴って隅々まで拡がっている富の状態はどうなっていることだろう」」、という言説から読み取れるように、統一の希求と並んでドイツの各地方の独自性・自立性が高く評価されている。

ドイツ文化はドレスデンやミュンヘンやシュトゥットガルトやカッセルやブラウンシュヴァイクやハノーファーといった王侯の居住都市、フランクフルトやブレーメンやハンブルクやリューベックといった主権を持った都市、というように色々の場所で地域で多元的に展開してきたことにゲーテは誇りを持ち、「ドイツ」の特性をそこに求めている。

このように、近代初めのドイツ人にとって、多様性を持ちつつも神聖ローマ皇帝のもとに「帝国」を展開した「中世ドイツ」への憧憬と誇りとがあり、繰り返しとなるが、彼らの歴史的・理念的経験に基づく「中世帝国」は、現実的な存在でもあった。その帝国の誕生から終焉までをたどりつつ、当初の重要な意味合い、後世に付加された様々な帝権理念、ドイツ帝国の現実状況、帝国消滅を多様な視点から見てゆくことにする。とりわけ本章では、中世ドイツ帝国の始めと終わりに際して押さえておくべき基本事項から入ってゆく。

2　オットー朝のドイツ帝国の成立

始まりはカール大帝!

八〇〇年クリスマスの祝祭時、この年教皇レオ三世の救援要請に応えてイタリア遠征をしていたフランク王カールは、ローマの聖ピエトロ大聖堂において、教皇の導きでローマ皇帝の冠を受けた。父ピピン三世が七五一年にメロヴィング家に代わってフランク王位に推戴された時、お墨付きを与えた

図1　カール大帝騎馬像と言われる
または孫のシャルル禿頭王の騎馬像とも
(9世紀)　パリ、クリュニー博物館蔵

地図１　カール大帝時のヨーロッパ　843 年のヴェルダン条約による分割

ローマ教皇との提携関係はここに大きな画期を迎えた。教皇庁はイスラム、ビザンツに加えて、イタリアの膝元において直接の脅威であったランゴバルト勢力に対して、フランク王に救援を求め、ピピンは二度のイタリア遠征を行い、中部イタリアに教皇領を寄進してこれに応えた。

「カロリング帝国」の支配権を拡大しつつあるカールは更に一歩進めて、ランゴバルト王国を討ち、イタリア支配とカトリック教会保護を引き受けた。カールの皇帝戴冠以後、歴代カロリング家が皇帝位を継承する。もちろん、この間に八四三年のヴェルダン条約による帝国三分割や、その後のメルセン条約などで三国の領域に増減があり、イタリア及び中部王国のカロリング家が絶えた後は、西フランク王シャルル、次いで東フランク王カール三世とアルヌルフがローマで戴冠をして皇帝となった。

繰り返してみよう。イタリアのカロリング家はロタール一世（在位八四〇～八五五）、その子ルートヴィヒ二世（在位八五五～八七五）の後、断絶した。その後、群小皇帝の時代にこそ、ローマ教皇はカール大帝が意図せず、避けようとしたローマと帝冠の結合を既成事実化した。スポレトのグィド（在位八九一～八九八）・ランベルト（在位八九四～八九八）父子、プロヴァンスのルイ（在位九〇一～九一五）、フリウリのベレンガーリョ一世（在位九一五～九二四）以後は皇帝はなく、イタリア王としてブルグントのルドルフ二世、アルルのフーゴーとロタール父子、イヴレアのベレンガーリョ二世と続き、オットーの介入までの数十年間イタリアを含む旧中部王国（ロートリンゲン、ブルグント、イタリア）は混乱した。

なお、九世紀末〜一〇世紀初めに、イタリアの在地豪族がカロリングの血統に連なると主張して聖ピエトロ大聖堂でローマ周辺の貴族家門出身の教皇を左右して皇帝戴冠をした場合がある。

ドイツ王国はいつ成立したのか？

東フランク王国のカロリング王家の断絶（九一一年ルートヴィヒ小児王没）後、ドイツ諸部族による国王選挙が行われ、フランケン大公コンラート一世（在位九一一〜九一八）が選出された。選挙行為と生前の後継者指名との葛藤が早くも次王を選ぶ時に生じた。コンラートの死後、後継者に指名されていたザクセン大公ハインリヒ一世（在位九一九〜九三六）が諸部族の有力者たちにより王へ選出された。「ドイツ王国」（regnum Teutonicum）という表現は、九二〇年頃の史料に見られるが、通常用いられるのは一一世紀以後である。

ハインリヒは九二一年、西フランク王シャルル三世と対等の東フランク王として友好条約を結ぶと、九二五年にはロートリンゲンを編入して「中部王国」（皇帝冠の潜在的保持地域）を東フランク＝ドイツ王国が包含するに至った。

九三六年ハインリヒは、息子オットー一世（在位九三六〜九七三）を王に指名した。新王はシュヴァーベン・バイエルンへの王権の浸透を図り（親族を大公に任命）、九五一年に第一次イタリア遠征を行い、ブルグントの相続女でイタリア女王のアーデルハイトを救い、彼女と結婚し、パヴィアでランゴバルト王冠を得た。また、九五五年のレヒフェルトの戦いに勝利してマジャール（ハンガリー）人の侵攻を防いだ。九六一年に始まる第二次イタリア遠征では九六五年までイタリアに滞在し、この間九六二年二月二日にオットーとアーデルハイト夫婦は教皇ヨハネス一二世により皇帝・皇后戴冠を行った。

以後、ドイツ・イタリアの支配者たるドイツ王がローマで教皇によるローマ帝国皇帝戴冠を行う慣行が確定した。後世「神聖ローマ帝国」と呼ばれる帝国が成立した。これ以後、ドイツ王がイタリアに加えて一〇三〇年代以後はブルグント王国の王冠を獲得し、三王国体制を確立する。盛期皇帝権（オットー朝、ザリアー朝）の時代、アーヘンで行われるドイツ王（rex）・王后（regina）の戴冠と、ローマで行われる皇帝（imperator augustus）・皇后（imperatrix augusta）の戴冠は、国制上最大の行事となった。

オットー朝の権力基盤は、ザクセンとフランケンであり、それ以後も特にフランケンは重要地域だった。オットー朝後期、一〇世紀末当時のドイツの総人口は五〇〇万人から六〇〇万人と推定される。王領地の重心もまた、ザクセン・フランケンに集中する。他の三大公領（ロートリンゲン、シュヴァーベン、バイエルン）へも王権が浸透した結果、バイエルンとロートリンゲンは以後分裂し、シュヴァーベンは王権の傀儡《かいらい》と化する。そしてまた王権の浸透拠点として、教会の存在が大きく浮上してくる。

一〇～一一世紀の王権の順調な浸透を見ると、ドイツ王国の統一への道は遠くはなかったのではないか。フランスのカペー朝の弱体王権の状況と比較してもそれは確かだった。しかし、むしろドイツ王権の当時の抜群の強さが、通常の国家統合や王権の強化に加えて、それらの何層倍もの重荷として、「蛮族」の侵入に抗してキリスト教世界を守護する使命を課し、皇帝の果たすべき責務の重圧が、ドイツ王国自体の統一を阻害することとなった。

帝国となったドイツの統治はどのようなやり方だったのか？

九二一年、教皇ヨハネス一〇世は、ロートリンゲン大公ギゼルブレヒトが司教任免権を侵害したことに抗議し「司教を任命する権力を有するのは、古の教会の慣習に従って、（諸侯ではなく）国王のみである」と主張している。王権の教会に対する権力及び諸権利の行使を教皇自身が認めていた。王権と教会の結合は強固だった。オットー朝・ザリアー朝の王たちが国内を絶えず巡幸する際に、教会の所領が重要な拠点となっていたが、こうした王権と教会の結合は、双方に多重にメリットを与えた。王権側にとって、教会の人事権（大司教・司教・修道院長の任命権＝叙任権）を握っている限り、世襲化

地図2　オットー朝（ザクセン朝）時代のドイツ

の恐れのない教会領は疑似的王領地であり、遠征時の軍勢を拠出させ、聖職者の能力を官僚として王権の強化に利活用できた。教会人に俗人貴族家門の出身者が多かったが、彼らの地方的利害は俗人貴族ほど強くなかった。他方、教会側にとって、俗人貴族側からの教会領の圧迫・蚕食を防ぐための教会の自由及び領地の最良の保障（「不輸不入権」immunitas）が王権から与えられた。オットー一世治下でマインツ・ケルン・マクデブルクが大司教座に、シュパイアー・クール・ヴォルムス・ミンデンが司教座となり、ハインリヒ二世治下でヴュルツブルク・バンベルクなどマイン川上流への王権進出が司教座の所領拡大を促した。

ドイツ王＝皇帝の帝国教会政策は成功したといえる。オットー一世以後、王は神の命令を体し、王において神の統治意志が働き、また、王は神のみによって廃立され、聖別と塗油の秘蹟を通じて疑似的聖職者となり、文字通り「王かつ祭司」（rex et sacerdos）だった。王は俗人と聖職者間の「仲介者」であるのみならず、教会を統治する責務を担った。司教がキリストの代理人であろうとも、王は父なる神の代理であり、キリスト教化と王国統合は究極において同一であり、教会は王権の柱石となるべきであった。

オットー朝における教会及び教会所領の保護政策の基本は、司教・修道院及びその所領を世俗諸侯支配権から分離独立させ、王権の保護下へ編入することだった。それは具体的には、王権が教会に

「不輸不入権」を付与し、教会側は所領の保護領主権を王に委ねた。不輸不入権の授与は、教会を伯や大公の支配から解放したのみならず、当該の教会及びその所領を王の直接的支配下に置き、ここに王の配下の守護領主（Vogt）を据え、教会領相互の連携を創出し、ドイツ全体に及ぶ王の行政網を形成するのに貢献した。

教会に対する不輸不入権の授与は王権拡大政策の上で多用され、教会・修道院の王権への奉仕、王権の同意なしの教会領及び教会世俗諸特権の再下封禁止、「東方植民」の際の司教座設置、司教領内の完全裁判権の認可としても現れた。教会所領がドイツ全域に分布していることも有利に作用した。行政単位たる教会の地位強化も図られ、司教叙任に際し伯権力や伯同等権力が与えられ、教会所領を越えて当該伯領全体に王権が効果的に及んだ。

オットー朝の「帝国教会政策」は、九八一年のオットー二世のイタリア遠征の際に明確な効果を現す。この時、遠征に従軍した軍勢の約四分の三をドイツの大司教・司教・修道院長が供給し、世俗諸侯はその残りを供給したにすぎない。王権による制圧・介入・親族や腹心の起用でも克服できぬドイツ諸侯の独立性の強さに比べて、教会勢力の王権への緊密な協力ぶりは明確であり、ドイツ王国では「帝国教会政策」が功を奏した。ドイツ王＝皇帝は、帝国教会・帝国修道院を支配することで帝国全体を統治することが可能となった。もちろん大諸侯たちも自領域内の教会に対しては同様の「領国教会政策」を展開していた。

軍事的覇権政策と領国拡大がオットー朝のもう一本の政策の柱だった！

オットー朝はカロリング家の東フランク王国の後継者として王権とカロリング帝権の伝統を継承した。ハインリヒ一世は対マジャール人防衛策を梃子に、「軍隊帝権」的な覇権の拡大強化を図った。王は「諸民族の皇帝」と呼ばれ、ヴィドゥキントの『年代記』によれば、王の許へは多数のゲルマン系及びスラヴ系の首長が貢納に来訪したという。この政策もドイツ王権＝帝権の更なる強化につながる。ハインリヒは九二八〜九二九年にブランデンブルク城塞を建設し、その後南下してマイセン辺境領、九三四年には北上してシュレースヴィヒ伯領を設立した。オットー一世はテューリンゲン辺境伯領を設けてゲローを伯に任じ、ザクセン東北部ではヘルマン・ビルンクを辺境伯に任じて、エルベ川の東への拡大を推進し、父以上に王権の東方拡大を進めた。

オットー一世は辺境領・城塞や教会・司教座を拠点とする計画的な東方拡大を推進し、前述の九五五年のレヒフェルトの戦いで、ハンガリー人に大勝し、勝利の戦場において、将兵たちからドイツ及び諸族の覇権的な「皇帝」（imperator）と歓呼された。彼は九六二年マクデブルク大司教座を設置したが、この大司教管区は東の境界が設定されず、将来のスラヴ人の土地の征服・教化を目指していた。九六三年のテューリンゲン辺境伯ゲローの攻勢は、ヴィスワ（ヴァイクセル）川に至るスラヴ人の地をマクデブルク大司教座に服属させる計画の実行だった。

オットー朝の威信の増大は、帝国教会政策と、東方政策の進展（対スラヴ人）の二つの成功による。テューリンゲン辺境領の帝国領編入、エルベ川沿いの司教座網設立、ドナウ川の東への布教と植民化の結果、ザクセン、テューリンゲン、フランケンにおけるドイツ人定住地が拡大し、かつての辺境拠点が開墾拠点となった（フルダやヘルスフェルト等の修道院領）。ノルマン人（ヴァイキング）やハンガリー（マジャール）人の侵入以後の経済的・人口的回復・増加が、この動きを加速させた。

しかし、前年のオットー二世の南イタリア遠征への敗北を経て、九八三年スラヴ人の大反乱が起こり、ハーフェルベルク、ブランデンブルクが陥落し、ハンブルクも略奪を受け、東方進出線は崩壊、かろうじてマクデブルクからレーゲンスブルクに至る城砦網が残存したにすぎない。その結果、オーストリア領域（オストマルク、ケルンテン、シュタイアーマルク）を除き、東方進出の第一段階は閉幕し、エルベ川以東のドイツ人定住地は消滅した。

テューリンゲン辺境領では、ドイツ人領主と軍隊は周囲のヴェンド人農民の中に孤立散在し、教会と都市は異教世界の海に浮かぶキリスト教の島と化した。「東方植民」（Ostkolonisation）（現在は「東方定住」Ostsiedlung と呼ぶのが適切）が再び活況を呈し始めた一一二三年頃でも、ドイツ語とスラヴ語の言語境界線は、カール大帝時代とほぼ同じだった。ただし、フランケン東部からボヘミアへかけてのドイツ化は成果を上げており、オットー一世による九七三年のプラハ司教座創設、ハインリヒ二世による一〇〇七年のバンベルク司教座創設は、この地のスラヴ人に対するカトリック布教の進捗を意味する。

3　中世後期以降の「ドイツ」と「ドイツ国民の帝国」

ここで結論を先取りするようだが、中世初めの「帝国」成立期とその約五世紀後の中世終わりの時期とでは「帝国」の現実が大きく変化していたことを確認したい。このことは中世末期の「ドイツ国民の神聖ローマ帝国」という極めて難解で曖昧な帝国呼称を理解することに関わるからである。

中世後期のドイツ帝国における「国民」（natio; nacion）とは何か？

一四九二年、アルザスの愛郷的人文主義者セバスティアン・ブラント（一四五七／五八～一五二一）は「ローマの栄誉とドイツ国民は、いとも気高き王よ、汝の側に立つ」とマクシミリアン一世に熱烈に呼びかけた。王の死後、彼は将来への不安の中で祖国を想い、作品『愚者の船』の中で叫ぶ。「きっと安寧は続くであろう、おお神聖帝国よ。鷲の紋章は帝国を汝から奪い取ることもないし、外国の国民の中へと逃げ去ることもない。もしそうなったなら、王錫や王冠を汝の周りに邪悪が生じ、ドイツ全体が破滅へと進むだろう」。これはその頃常に表明された不安であり、ローマ帝権がドイツ人のもとに留まらねば、それはドイツにとって大なる危険であると考えられた。

「神聖帝国」と「ドイツ国民」の結びつきについて、一五世紀の教会改革や帝国改革の動きの中で、「ドイツ人」の「国民」（natio）としての意識が注目される。一五世紀初めのコンスタンツ、バーゼルの両公会議、そして『ジギスムントの改革』（一四三八／三九年）、ハプスブルク家の帝位継承、一四九三年以降のマクシミリアンの帝国改革、一五一七年のルターの宗教改革の始まり、彼の著作『ドイツ国民のキリスト教貴族に与う』に至る一連の動きの中から、当時のドイツ国民の概念を見てみよう。そこにはオットー朝の帝国成立から盛期中世に至る時代とは全く異なる帝国の状況が明示されているからである。

一四〇九年のピサ公会議では、スペイン抜きでイタリア、フランス、ドイツ、イングランドの四つの国民団（natio）へと「国民ないし地域」による分類がされている。コンスタンツ公会議（一四一四～一八年）においても、当初は「公会議は国民から構成され」、ピサ公会議の四国民団が継承された。ただし、スペインを国民団に算入するかどうかの議論があり、加えて、フランスとイングランド両国民団の間に激しい抗争が生じた。折からの百年戦争の激化（一四一五年のアザンクールでの英軍の勝利）が反映している。結局スペインを加えて、イングランドを第五の国民団とした。こうした分類はバーゼル公会議（一四三一～四九年）においても継承された。

『ドイツ帝国議会記録文書』（Deutsche Reichstagakten）中の一四・一五世紀における「natio」を見てみよう。ドイツ王ヴェンツェル（在位一三七八～一四〇〇）、ループレヒト（在位一四〇〇～一〇）の時代には、総じて natio は用いられず、「帝国」（das heilige rich; das Romische rich）と表記されていた。「ドイツの帝国領域」（Dutsche lande; alle Dutsche lande）という場合のドイツ語表記は複数形だが、ラテン語ではイタリアに対して「ドイツ」は Germania や Alemania と表記された。この用法はジギスムント（在位一四一〇～三七）時代まで全般的に持続している。「ドイツ国民」（nacio Germanica）という表記はバーゼル公会議との関連で始まったと言える。一四三一年一〇月に彼がシエナからバーゼル公会議に宛てた書状で、ポーランド人とフス派の同盟を報じている。当該同盟がハンガリー国民（nacio）を除く全国民（nacio; 複数形 naciones）とりわけ「ドイツ国民」（nacio Theutonica）に対し向けられたと非難した。

一四三二年一一月、国王はドイツ語の書状をバイエルン大公ヴィルヘルムに送っている。ポーランドとボヘミアの同盟に言及し「ポーランド人は、ボヘミアの異端者たちと一つになり、同盟した。万人かつ特にハンガリーを除いた「ドイツ語を話す者たち」（die Deutschen zungen）に敵対してである」

と言っている。

公会議では用語として nacio Germanica や Germaniae の使用が優勢で、ドイツ語形の「ドイツ国民」（deutsche nacion）とともに使われている。一四三四年九月ジギスムントはレーゲンスブルク帝国議会で帝国諸身分に対して将来の帝国議会で審議し決議すべき「一六箇条の目録」を通知した。「ドイツ国民」（Germanica nacio）の選帝侯並びにその他諸侯たちの共同体の助言者たちによって諸問題が審議されるべきだと。ここの nacio Germanica は実際には「ドイツ帝国」であり、帝国の諸身分へ呼び掛けている。一四三六年にニュルンベルク市民同士の間の書簡中に初めて「ドイツ語を話す国民」という概念に出会う。すなわち「ドイツ諸地域の我々国民」である。公会議開催地を巡る永続的争いの渦中、一四三七年の分裂以来、nacio Germanica は領域的な「ドイツ帝国」の表示として用いられた。一四三八年三月のバーゼル公会議の選定諸侯宛文書も同解釈である。

一四三八年三月に発せられたバーゼル公会議出席の選帝諸侯使節宛の無名氏による提案書の中に、国民と帝国の結合の例が初めて見出される。「ドイツ国民及びローマ帝国」（natio Germanica et Romanum imperium）の表記がある。一四三九年三月の国王アルブレヒト二世（在位一四三八〜三九）の文書では「ドイツ王国」＝「ドイツ国民」と表示されており、「然りまことに我がゲルマニア王国即ち国民の不利益及び損害は甚だしい状態にある」と嘆いている。

帝国議会における「ドイツ国民の苦情申し立て」(Gravamina nationis Germanicae) は、以後のドイツ政治史ではローマ教会に対する非難の文脈で頻出する。しかし「nacio」と「Reich」の両概念の直接結合の例はまだ少ない。一四四五年のフリードリヒ三世（在位一四四〇～九三）の時代初期までは数例を数えるのみである。用語使用上では不安定だったと言える。ケルン大司教ディートリヒは一四四〇年九月に帝国を「帝国とりわけドイツ王国かつ国民」と呼び、一四四一年一一月にトマス・エーベンドルファーは「ドイツ国民の神聖帝国」(sacrum imperium et inclite Germanice nacionis) という用語法で、「ドイツ国民の神聖ローマ帝国」呼称の最終的出現の契機を示した。そしてザクセンの使節による帝国議会報告の中に、ドイツ帝国呼称の原型をはっきりと見ることができる。一四四四年一月のその文書は明確に「我らが国民と神聖ローマ帝国」(unser nacion und der heilige Romische rich) と述べている。

「ドイツ国民」の呼称の定着はいつか？

アルブレヒト二世（在位一四三八～三九）以後、「ドイツ国民」の用語法が増加する。バーゼル公会議の分裂とその後の公会議開催地を巡る争いの中で、「国家教会的志向」はますます強まった。様々な宗教協約において、新たな国民概念が地歩を占める様がはっきりする。一四一八年には教皇マルティヌス五世がイングランド、ドイツ、及び三つのロマンス系諸国民と協約を結んだ。しかしそれはまだ公会議の党派とであり、諸国とではない。

ところがバーゼル公会議では事態が異なってくる。一四三八年七月のブールジュの「国事詔書」で、フランス王シャルル七世はフランスとドーフィネの教会のために、一連の公会議教令を獲得した。翌一四三九年三月、いわゆる「マインツの手形」においてマインツとケルンの大司教及びその他の諸侯は、「神聖帝国の選帝諸侯及び欠席の首座大司教たち」の名において、「我らがドイツ国民」の教会のための一連の公会議教令を得た。文中で数多く使用された nacio が帝国領域を念頭に置いていることは疑いない。

マインツの暫定的解決策は、帝国の教会に対する中立を原則的に確立したが、長期的には守られなかった。フリードリヒ三世（在位一四四〇〜九三）は、シスマ中の教皇エウゲニウス四世を承認し、更なる妥協を承諾したが、それは終局的には一四四八年二月の「ウィーン協約」に通じるものだった。この協約は帝国と教会の関係を一八〇六年の帝国消滅まで規定した。これは教皇ニコラウス五世と「ドイツ国民」（natio Alamanica）の間で結ばれた。直接の交渉当事者は、教会側は「ドイツ国民のもとへ派遣した教皇特使枢機卿」のヨハンネス、「ドイツ国民」側は、「神聖帝国（sacrum imperium）の多数の選帝諸侯とその他の同国民の聖俗諸侯たち」の同意を得たフリードリヒ三世だった。文中で「natio」は帝国の領域表示として用いられた。諸条項において併用された natio Alamanica は natio

Germanica と同義であり、両者は区別されていない。後者の呼称の使用例が後年優勢となるが、帝国議会文書においては両者の優劣の違いはない。

フリードリヒ三世の時代に、ドイツ帝国に結びついた諸地域・諸領域を総称する「ドイツ国民」概念は、ますます強く貫徹し、「ドイツ国民」は「神聖帝国」（sacrum imperium）の本質を構成するに至る。イタリアにおける帝国諸権利が名目的なものでしかなくなったため、神聖帝国の無力な支配者はドイツに局限されて関わるにすぎなかった。

フリードリヒの時代に、「ドイツ国民」概念のプロパガンダが始まったとされる。早くは一四四一年二月のマインツ帝国議会の決議文書にドイツ国民の優越性が明示され、かつドイツ国民の中に存する「ローマ帝国」の権力を論証した。この観念は目新しくはなかった。それは「帝権移転」と結びついていた。旧約聖書の『ダニエル書』に由来する四大帝国説によれば、古代帝国はアッシリア、ペルシア、ギリシア、ローマへと継起し、中世において帝権移転論はローマ教皇庁によって受容され、ローマ帝国滅亡後、ローマ帝権はギリシア人（ビザンツ）からフランク人、ドイツ人へと教皇の主導で移転したと主張された。中世後期以後、皇帝側は帝権移転の主導者は教皇ではなく、神を通じて「人民」（＝国民）が行ったと主張し、ドイツ人から別の国民への帝権の移転は絶対にないと考えた。

一五世紀中頃に形成された「ドイツ国民の神聖ローマ帝国」の呼称では「神聖帝国」が「ドイツ国

民」と不可分に結合した。nacio は国民であり、また領域をも示す。一五五六年、皇帝カール五世はカンブレー司教座（同司教区ではドイツ語は話されていない）が「ドイツ国民の神聖ローマ帝国」に属するという裁定を下した。カールの決定では、リエージュ、メッツ、ヴェルダン、トゥールの司教と同様、カンブレー司教及び同司教領国は、当地の言葉が「ドイツ語」ではなく、「ガリアの言葉」が用いられてはいるが、「ドイツ国民の神聖ローマ帝国」（sacrum Romanum imperium Germanicae nationis）に属する。カンブレー司教は帝国の「（諸侯の）位階と地位」を有しており、同司教は帝国議会及び帝国集会に呼ばれ、帝国の共通の援助金やあらゆる公的負担に関わる義務を有し、教会の高権を従前より皇帝かつ国王から受領しているからであった。

ルターの「ドイツ国民」とは誰か？

「ジギスムントの改革」（一四三九）の中に「国民」（natio, nacion）の概念は見出されないが、一四五〇年までの時期には natio がドイツ語の zunge ないし gezung の語で表されていた。この場合は例外なく「言語国民」を意味したが、「ドイツ国民」（natio Germanica）というラテン語句は両義的に「ドイツ公会議国民」（周辺他国民を含む）と「ドイツ国民」との両方を指した。一四五三年トルコがコンスタンティノープルを攻略し、東方の「ローマ帝国」が終焉した。それ以後、帝国議会文書の中で「ドイツ国民」（Teutsch gezunge, Teutsche nacion）という用語が継続して用いられるようになった。「ドイツ国民」という用語は、国民に対する皇帝フリードリヒ三世の無能と諸侯派の義務意識とを語る際にも用いられた。それまで通例的だった「皇帝」と「帝国」の両概念に、第三の概念たる「ドイツ国民」が決定的に加わることになった。その際注目されることは、一五一八年神聖ローマ帝国の選帝侯、諸侯その他身分は、アウクスブルクに現れた教皇レオ一〇世の特使によるトルコ遠征への要請を、「ドイツ国民」の貧困を指摘することにより斥け、更にローマ教皇庁に対して「苦情書」（Gravamina）に項目を列挙したことである。その第一番には「十字軍税」と「贖宥状」が挙げられた。

ルターの『ドイツ国民のキリスト教貴族に与う』（一五二〇年）の正式な宛先は、「大権をもたれる皇帝陛下並びにドイツ国民のキリスト教貴族各位へ」とされている。しかしその際、「ドイツ国民」とは司教と諸侯（＝領邦君主）であった。現世秩序を神の与えたものとして肯定するルターの限界は、「ドイツ国民」がドイツの諸ラント（領邦・領国）の領主（＝君主）だったことである。それ故、ルターの「ドイツ人」とは、「ドイツ国民」以外の「人民」（＝都市市民、農民）であり、「牧人」によって統率されなければならない畜群だった。

さて、「神聖ローマ帝国」の最終段階で、natio は言語集団から一歩進んで領域団体となった。それは神聖ローマ帝国が領域的に、まさに「ドイツ国民の帝国」になった事態を明示していた。中世の始めと終わりでなぜそんなにも異なってしまったのか。この間の時代区分としては、おおよそ①真の神聖ローマ帝国の時代（九一一／九六二～一二五〇／一三〇〇年）、②事実上のドイツ帝国の時代（一二五〇／一三〇〇～一五五五／一六四八年）、③領邦連合の時代（一五五五／一六四八～一八〇六／一五年）という大きな三つの時代を意識する。

第二章　皇帝と教皇の協調と対立の構図

1　フランク＝ドイツ帝権

ドイツ王権のイタリア進出とオットーの皇帝戴冠の意味は？

中世帝国を考察する際に、カロリング「中部王国」の持つ重みを充分に考慮する必要がある。八四三年のヴェルダン条約でフランク帝国が分割され、皇帝ルートヴィヒ一世の長子ロタール一世は、イタリアの他、ロートリンゲン（ロタリンギア　その息子のロタール二世の名にちなむ「ロタールの王国」〈Lothari regnum〉に由来）とブルグントとを含む「中部王国」を得た。この国は北海沿岸から南伊ガエタ湾に及ぶ地域で、東はライン川とアルプスによって、西はスヘルデ、ミューズ、ローヌの流れによって限られていた。この不自然に細長い地域こそ、カロリング帝国の中心地域であり、奇妙な人為的な複合地域として歴史の経過の中で生まれたが、中世を通じて重要な意味を持ち続けた。

東フランク王権を継承したオットー朝のドイツにとって、常にカロリング「中部王国」は再統合の可能性が存在し、実現の気配も見えた。この動きは西ではフランス、東ではドイツの安定性と領域的統合を脅かすもので、特にドイツでは、王権の対外政策のみならず、国内政策の成否の根本に関わる重大問題であった。

ブルグントのルードルフ一世（在位八八八～九一二）はロートリンゲン併合を、息子のルードルフ二世（在位九一二～九三七）はイタリア進出を企てており、ドイツ内でもシュヴァーベン、バイエルン両大公がロンバルディア進出を策する状況だった。これが成功したなら、ドイツ内部の勢力バランスは急激に変化し、南北ドイツの恒常的な分離、南ドイツと北イタリアの永続的合体が生じた可能性も高かったと思われる。

オットー朝のイタリア政策は、こうした国際的状況との関連で評価されねばならない。後世に常に批判されてきた皇帝の「イタリア政策」の初めての発動は、ドイツ以外の勢力が「中部王国」を再興することに対してドイツ王の側が懸念と危機感を抱いた結果だった。ドイツ・ブルグント・イタリアの統合は、ドイツ王の単なる名誉欲・征服欲の故でも、カトリック教会に由来する全キリスト教世界を包括する帝国建設の野望の故でもなく、第一義的には冷厳な国際状況を前にして、「中部王国」を掌握しない場合のデメリットの巨大さに促されて当時のドイツの支配者が選択を余儀なくされたものだった。

ブルグント王ルードルフ二世は九二六年にロンバルディアを制していたアルルのユーグ（プロヴァンス王）と九三〇年に協定し、彼のイタリア支配を認める代わりにプロヴァンスを得てブルグント王国の再統合を成就した。九三七年のルードルフの死後、ユーグは彼の寡婦と、息子のロテールは先王夫婦の娘アーデルハイトと結婚し、新「中部王国」建設を企図した。ところがユーグ（九四七）とロテール（九五〇）が相次いで没し、イタリアの勢力バランスが崩壊、イヴレア伯ベレンガーリョ二世がイタリア王位を望み、寡婦となったアーデルハイトとの結婚を企図し、ここにイタリアとブルグントの統合の可能性が再生した。ドイツ王オットー一世は彼女の救援要請により九五一年に第一次イタリア遠征に出陣しベレンガーリョ二世に対して勝利を収め、ロンバルディア王冠（＝イタリア王冠）を獲得、彼女と結婚した。

ドイツ王の皇帝戴冠はイタリア情勢の急展開に即応したものと言える。ベレンガーリョの独立化の動きが再発し、教皇ヨハネス一二世の救援要請によりオットー一世は九六一年、第二次イタリア遠征を行い、九六二年ローマで聖職者・市民の歓呼の中、教皇より皇帝冠を受ける。イタリアとブルグントの貴族の野望の対象、「中部王国」支配の根拠、更にはローマの党派争いの道具であった帝冠のドイツへの移転が成就した。それはまた八四三年のヴェルダン条約によるフランク帝国の分割以来の大きな

図2　后アーデルハイトとオットー大帝　マイセン大聖堂壁面の彫像
（アーデルハイトの列聖は1097年，教皇ウルバヌス2世による）

国際的問題の解決でもあった。

オットーが倣ったのはカール大帝だったが、目標としたのはロタール一世（中部王国初代）の「帝冠と結合した「中部王国」」である。ロタールの帝冠に政治権力の十分な支えがなかったが、オットーの皇帝戴冠はドイツ側の政策利害と結びついたものだった。なぜならばそれは、「中部王国」をドイツ王国と不可分とする方向で動いてきたオットーの政策を反映し、ドイツの帝国的覇権のシンボルだったからである。

ドイツ、ブルグント、イタリアの三国の関係の歴史が、ドイツの有すべき覇権の象徴である皇帝冠獲得のためオットーを南進させた。彼が追求したのは、それ自身が覇権的であるドイツの王権の帝国政策であった。しかしこの政策は否応なくローマ教皇との複雑な提携関係を生み、ドイツ王をカトリック世界の保護者の地位に昇らせることになった。

ドイツ王国自体が「帝国」だった！

ドイツ王国がカトリック世界の主導勢力となることを選ばざるを得なかったのは、旧西ローマ帝国の歴史的なりゆきでもあった。覇権的なドイツ王権が皇帝権として教会の守護を引き継ぎ、カトリック世界は皇帝と教皇の提携をその基調とするに至ったが、この西方世界はアルプスの北を根拠地とする。ギリシア正教会が東方世界の統治者であるビザンツ皇帝を教会の支配者とするのに対して、ローマ司教（後の教皇）を首長とする西方教会は、霊的首長（＝教皇）と世俗的首長（＝皇帝）の相互協力にのっとり、ローマ帝国の伝統を継承した教会の保護者である皇帝職を、戴冠を通じて教皇が授与する形式をつくり出した。教皇はキリストの代理として、この世の全権を掌握したペテロの正統な継承者であると主張し、自己の政治的保護者の選任を通じて、西方世界の政治的重心をローマへ引き戻そうとした。

こうして生まれたカトリック世界は、教会的ローマ的理念においては中心をローマ及びイタリアに置いて展開するが、アルプスの北のフランク＝ドイツ的政治・軍事権力が、常にローマ・イタリア支配を要求した。この錯綜した状況こそ、「教皇権と皇帝権を楕円の二中心とする中世世界」という比喩的表現を生む。実際は楕円の両焦点が対等に並存する時期よりも、片方の中心から描く円が全体を呑み込もうとする時代の方がはるかに長かった。

オットー大帝の皇帝戴冠の結果、皇帝位はドイツ王位と結びついた。国王選挙後アーヘンで戴冠したドイツ王が、直ちにローマ皇帝となったのではないが、ドイツ王のみがローマで教皇の手から帝冠を受ける権利を持った。だから皇帝戴冠こそが、中世のドイツ王たちに繰り返し数多くのイタリア遠征（その中心がローマ征行）を企てさせたのだ。

オットーはすでにアーヘンで塗油、戴冠、カール大帝の玉座への登極などの儀式を挙行し、フランク的伝統を継承した。九六二年の皇帝戴冠後もフランク的伝統に変更はなかった。彼は九五五年のレヒフェルトの戦いで対ハンガリー人「戦勝者」（ローマ式前例によれば「イムペラトール〈imperator〉」）であり、すでに「皇帝的権力」の担い手と見られていた（ヴィドゥキントの『ザクセン史』）。ドイツの支配者オットーは「世界の頭」、神に召された者であり、彼の皇帝戴冠は既成事実の教皇による認証・確認の結果と理解された。

ドイツ王国の帝国化の基盤は、一つにはドイツに侵寇してきた外部勢力への防衛から発生した「軍事的覇権」であり、このためにハインリヒ一世、オットー一世は宗教と軍事力を利用した。二つにはスラヴ人地域へのドイツ人の支配圏・生活圏の拡大である。一〇世紀に始まり一二世紀初めから再活性化するエルベ川以東への東方定住運動、ボヘミア（ベーメン）のドイツ王国への編入（一〇世紀）、グニエーズノ（ポーランド）、グラン（ハンガリー）両大司教座の創設とポーランド、ハンガリー両王への王号授与（一〇～一一世紀、神聖帝国の一員化）の結果、カトリック世界の東方伝道線は伸張した。

ドイツの諸民族（ザクセン、テューリンゲン、ライン及びマイン＝フランケン、アラマンネンもしくはシュヴァーベン、バイエルン等）が融合して中世ドイツ国家をつくりあげていく最も直接かつ強力な動因は、カロリングの帝国理念が引き継がれてゆくことだった。この理念は高級貴族と教会とによって維持され、カロリング時代の帝国分割、イスラーム勢力の進出、ノルマン人（ヴァイキング）の侵寇、そして九世紀以来しばしば繰り返されたハンガリー人の来襲による西欧の荒廃にもかかわらず強固に存続した。ライン川左岸のカロリング家の旧本拠地を含むロートリンゲンは、八七〇年のメルセン条約、次いで八八〇年のリブモン条約で東フランク王国領となり、その後、西フランク王国との間で同地域の帰属・自立を巡る曲折を経て、九二五年にハインリヒ一世の「ドイツ王国」に最終的に併合された。旧フランク帝国の中央地域（「中部王国」）の獲得は、ドイツ王国に経済的・文化的にも長期の活力を与え、カールの宮廷所在地アーヘンこそ、ローマと並ぶ帝国の最重要地となった。ローマでの皇帝戴冠以前にドイツ王はまさに「皇帝」だったのである。

オットー一世の帝国は、高地ブルグントに対する保護支配を含んでいた。それはアルプスの西側地方が、「イタリア王国」に編入されるのを防ぐためだった。オットーは、九五一年にパヴィアでランゴバルト（イタリア）王位に即き、「ドイツ王国」に「イタリア王国」が付加された。後に「ブルグント王国」が一〇三三年に併合され、ドイツ王の支配するローマ帝国の三王国（三領域）構成が樹立される。オットー朝はロートリンゲン獲得に続き、イタリアへの覇権拡大政策の遂行によって、フランク的伝統（非ローマ的なゲルマン的覇権的帝権）にローマ帝権理念を接合するに至ったと考えられる。

オットー一世の第三次イタリア遠征の目的は、南イタリアのランゴバルト人諸侯国に封建的な臣従を誓わせ、また、ビザンツ皇帝に自己の皇帝権を認めさせ、共同でイスラーム教徒に対抗することにあった。彼の息子でイタリアでは「ローマ人の皇帝」(imperator Romanorum)称号を用いていたオットー二世の南イタリア遠征も、この延長上で行われた。しかし、オットー二世は九八二年にカラブリアのコトローネの南、コロンネ岬でイスラーム勢力と戦って壊滅的敗北を喫し、南イタリアの直接掌握は実現しなかった。

2　ザリアー朝の「キリスト教ローマ帝国」

「ヴォルムス協約」(一一二二年)の意味するものは?

一〇七七年へと暦が替わる厳寒の候、モン・スニ峠でアルプスを越えイタリアへ急ぐ人々がいた。后ベルタと二歳の息子コンラート、随員を伴うドイツ王ハインリヒ四世(在位一〇五六〜一一〇六、一〇八四年皇帝戴冠)一行である。教皇グレゴリウス七世(在位一〇七三〜八五)は、ドイツ諸侯会議への出席の途中アルプスの南麓へと北上中で、ドイツ王来るの報告で引き返し、アペニン山中のトスカナ辺境女伯マティルダ(一〇四六〜一一一五)のカノッサ城に籠る。これが以後永らく「カノッサの屈辱」と言われたハインリヒの贖罪行だった。王は自らけわしい路を登り、カノッサの城門前で一月二五日

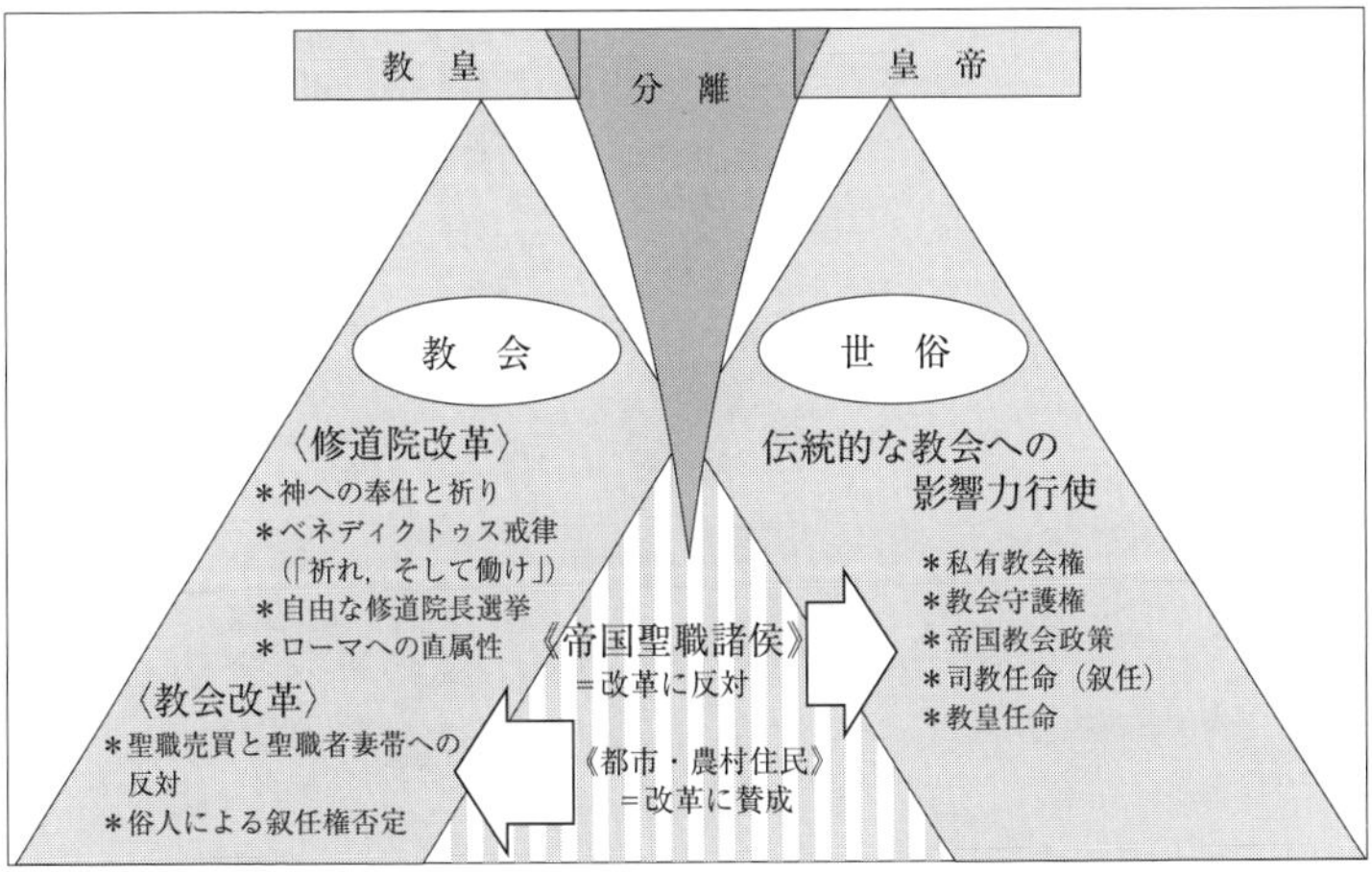

中世世界の緊張関係（11 世紀）

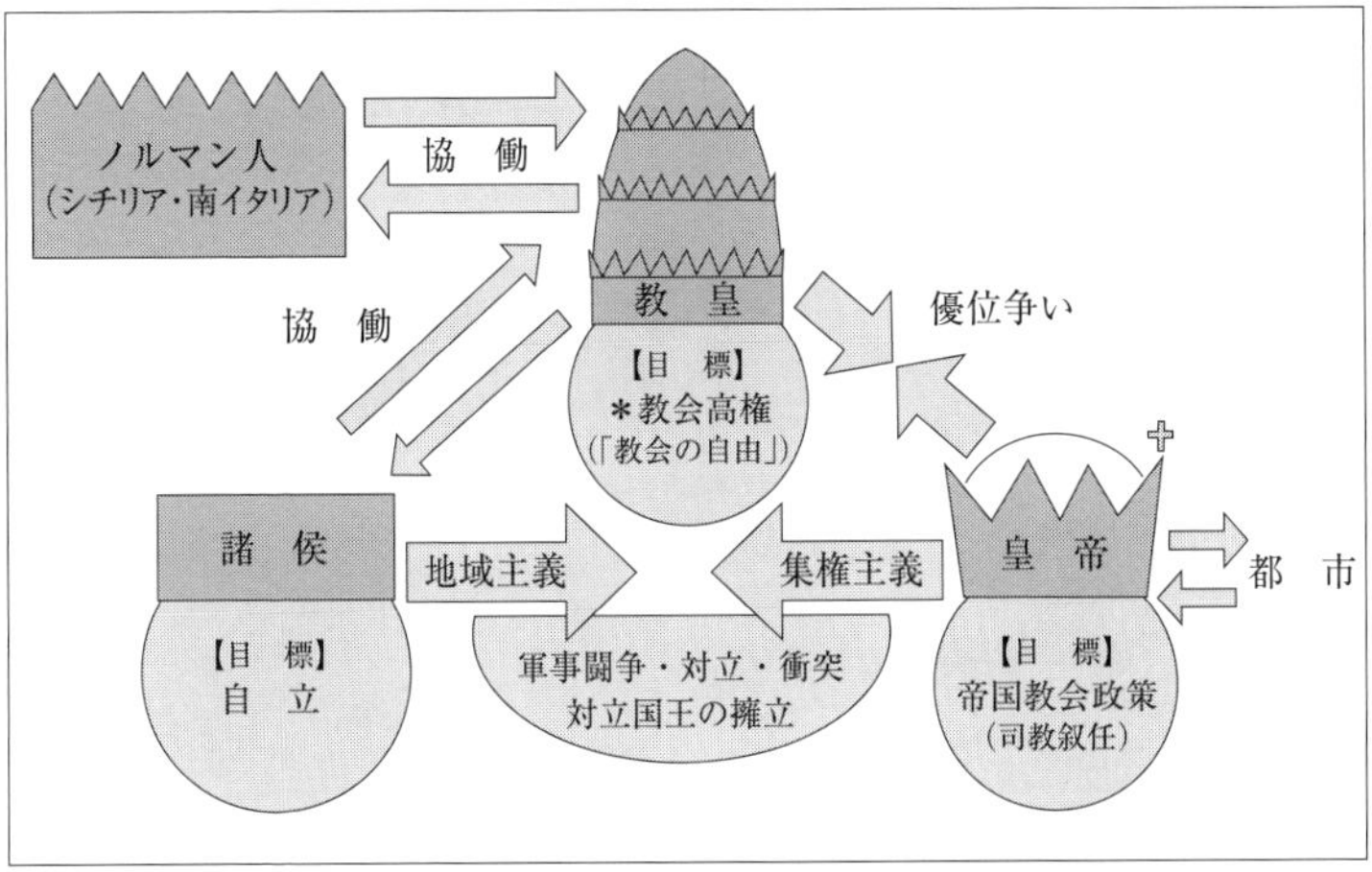

叙任権闘争期の権力闘争

図4　カノッサで贖罪のとりなしを頼むハインリヒ４世
『カノッサのマティルダ伝』挿絵（1115年頃）　ひざまずくハインリヒ、上左はクリュニー修道院長ユーグ、上右はカノッサ女伯マティルダ
ヴァティカン図書館蔵

から三日三晩、雪中に粗衣裸足でたたずみ悔悛を示した。破門赦免交渉の取り次ぎはマティルダとクリュニー修道院長ユーグ（ハインリヒの名付け親）だった。教皇は王の贖罪を受け容れ赦免し、王の贖罪行の顚末をドイツの聖俗諸侯に報じた。赦免を得た王は自らの廃位の危機と反対派諸侯勢力との争いを有利に乗り切る。その後も継続した争いは、最終的には四五年後のヴォルムス協約での妥協成立に至った。

「ヴォルムス協約」（一一二二年九月二三日）では、まず皇帝ハインリヒ五世（在位一一〇六〜一一二五）側文書で、指輪と杖をもって行う司教叙任権を教皇に譲渡し、帝国内のすべての教会において、教会法に則った選挙と叙階が行われることを許した。教皇カリクストゥス二世（在位一一一九〜二四）側の文書では、ドイツ国内の司教・修道院長選挙が皇帝臨席の下で開催されること、選出された者が直ちに皇帝から笏をもって知行（領地・特権）を得ること、帝国の他の地域（イタリア、ブルグント）においては、叙階（教皇による任命）から六か月以内に当該者は笏をもって知行（領地・特権）を得ることとされた。

この協約でハインリヒ五世はドイツにおける聖職者の任命についてのみ影響力を認められ（教皇による司教叙階以前に王が知行を授与）、イタリア・ブルグント（司教叙階後に王は知行を授与）における聖職者叙任権を失うこととなった。

いずれにせよ、皇帝は司教・修道院長の任命権（叙任権）を失った。以後は封建主君としての知行授与権のみ保持する。ローマ教会側の勝利であり、ドイツの高位聖職者（聖界諸侯、教会諸侯）は封建諸侯化する。この後も王・諸侯は高位聖職者の補任に際して事実上の影響力を及ぼし続けたが、この協約自体は実に帝国消滅の一八〇六年まで効力を有した。

地図３　ザリアー朝時代のドイツ

ドイツ王の「皇帝権」対改革教皇権――叙任権闘争の背景と結果

既述のごとく、ドイツ王権と皇帝権の結合後、ドイツ王国の歴史は帝国の歴史に組み込まれた。皇帝の称号に何が付加されたかを見てみよう。諸帝の称号には皇帝権に服属すべき民族としてフランク人、ドイツ人、ローマ人が並記されている。オットー大帝は「ローマ人とフランク人の皇帝尊厳者(imperator augustus)」、ザリアー朝のコンラート二世(在位一〇二四〜三九)ではイタリア人を示すランゴバルト人を加えて「フランク人とランゴバルト人の王にしてローマ人の皇帝に指名されし者」、ハインリヒ三世(在位一〇三九〜五六)では新たに帝国に正式編入されたブルグント王国を加えて「ドイツ人とローマ人及びブルグント人の皇帝」、ハインリヒ四世は「フランク人の王かつローマ人の皇帝ないしは「ローマ人とドイツ人の皇帝」」、ザリアー朝断絶後の国王選挙で選ばれ皇帝となったザクセンのズップリンブルク家のロタール三世(在位一一二五〜三七)は「フランク人の王かつローマ人の皇帝」、シュタウフェン朝のフリードリヒ一世(在位一一五二〜九〇)は「ローマ人とドイツ人の皇帝」である。

このように、オットー大帝によって再興された皇帝権とローマ帝国は多要素を含む構造物だった。三王国(ドイツ、ローマ、ブルグント)に加えて、都市ローマ支配権及びローマ教皇権との結合・連携により、皇帝権はドイツ的・ローマ的・キリスト教的な諸要素を併せ有するに至った。カール大帝が築いたフランク帝国と比べて、オットー大帝の建設した帝国は、ドイツ北部の権力基盤と都市ローマを含むイタリア北半部にしか有効な支配権力を持たず、ドイツ王国内では在地の諸侯・有力者と並存・競存していた。歴代の皇帝が追求したのは、ドイツ王国内ですでに覇権的（＝皇帝的）な「ドイツの王」の帝国政策だった。その称号に見られるごとく、まさにそれはフランク人・ドイツ人・ローマ人・ブルグント人の皇帝である。

ハインリヒ三世の時代に中世の皇帝権は頂点に達し、オットー朝以来の「ローマ帝国」（imperium Romanum）、「ローマ人の帝国」（imperium Romanorum）の呼称はまさに現実に裏付けを持っていた。さらに皇帝は自ら教会刷新運動の先頭にも立った。皇帝戴冠の際に与えられた、教会守護に関する都市ローマの官職「パトリキウス」（patricius 保護者）は、教皇選挙への皇帝の影響力行使を保障した。皇帝が教会を支配し、帝国における確固たる地位を保持しうる限り、帝権（俗権〈regnum〉のトップである imperium）と教権（sacerdotium）の結びつきは継続したであろう。叙任権闘争の前提には、帝国教会がそのオーナーである皇帝にとって絶大なプラスの意味を持っていたことと、戴冠式での塗油により付与される皇帝の半聖職者的位階とがある。

これと真向から対立したのが、宗教的な役職と教会財産の双方を俗界から切り離し、地上における「神の代理人」である教皇の下に置こうとする教会法的見解である。教皇グレゴリウス七世（在位一〇七三〜八五）が教会改革の目標を実現するためには、自らがこの世の支配者の地位に立たねばならなかった。一〇七五年、ハインリヒ四世との対決直前に書かれた「教皇訓令書」（Dictatus Papae）は「教会における指導者としての教皇の地位の不可侵と、世俗の君侯に対する支配権が、神によって設けられた教皇座にふさわしいものである」との確信を示している。叙任権闘争は西方世界のヘゲモニーを巡る皇帝権との闘いにまで拡大した。ハインリヒのカノッサ贖罪行は皇帝権には重大な損失だった。破門と与党への聖務停止・忠誠誓約解除の命令に対抗する手段を皇帝が持たなかったからである。

一〇七五年の叙任権闘争の開始から一二一五年の第四回ラテラノ公会議まで、キリスト教世界は事実上は教皇首位権の下に置かれ、ローマ教皇権は「教会の自由」を世界教化・世界支配へと転化させた。帝権は教皇権に由来するとされ、従来皇帝が行使した教会保護権は教会的選挙によって選任される「守護職」に対して教皇から授与されるとされた。教皇インノケンティウス三世（在位一一九八〜一二一六）は、ローマ帝権（帝国）に「帝権移転」（translatio imperii）論を強調した。歴史家でフライジンク司教のオットー（一一一二頃〜五八）が「ローマ王権」（regnum Romanum）がローマ人からギリシア人（ビザンツ帝国）へ、ギリシア人からフランク人へ、フランク人からランゴバルト人へ、そしてランゴバルト人からドイツ＝フランク人へと継受されたとしている。「帝権移転」論は、四大帝国（ローマ→ギリシア→フランク→ドイツ）の継起説（旧約聖書『ダニエル書』）から発展してきたが、インノケンティウス三世が初めて「教皇による帝権の移転」を打ち出したのである。

3　シュタウフェン朝の「神聖帝国」とイタリア

ローマ帝国の転換期――シュタウフェン朝の登場

ドイツでは、「ヴォルムス体制」の下で新たな権力統合原理である封建制度が本格的に定着した。独立的な領国形成を図る各地の諸侯たちが、旧来の部族大公領や伯領を自らの領国化する政策を進めてゆく。聖界（教会）諸侯も俗界（世俗）諸侯も、封建領国主としての生き方に関してはほぼ同様の行動原理に基づいていた。

ザリアー朝の皇帝ハインリヒ五世の死に際して、帝国貴族は血統権原理を否認して、業績あるザクセン大公ロタール・フォン・ズップリンブルク（ロタール三世　在位一一二五～三七）を国王に選んだ。シュタウフェン（ホーエンシュタウフェン）家のコンラート三世（在位一一三八～五二）は対立王として擁立されていたが、ロタール死後に王位に就いた。ロタールの女婿ヴェルフェン家のハインリヒ倨傲公は、ザクセン及びバイエルンの大公として帝国最強の諸侯であるが故に退けられ、諸侯は今度も選挙によってザリアー家と親戚のシュタウフェン家のコンラート三世を国王とした。シュタウフェン朝は当初から圧倒的に優勢な対立者ヴェルフェン家に直面した。

コンラート三世は自分の王位を承認させる戦いに力を消耗し、また第二回十字軍から成果を上げられずに帰国した。しかし、彼はバルバロッサの先駆者であり、教皇による皇帝戴冠なくして皇帝の称号を用いており、これにより「ローマから独立の帝権」という理念を強調した。ドイツ王の統治自体が「皇帝的統治」であり、事実上国王＝皇帝である。後に『ザクセン法鑑』（一三世紀前半）は、皇帝と国王の両語を同義語として用いる。

バルバロッサの「神聖帝国」（sacrum imperium）とは何か？

コンラート三世の甥フリードリヒ一世バルバロッサ（赤髭　在位一一五二～九〇）の皇帝権は、南西ドイツの家領を主たる基盤としつつ、カロリングの「中部王国」を包含するドイツ・イタリア・ブルグントからなる本来の帝国への回帰の過程である。バルバロッサは当時の騎士的宮廷的社会の理想の人物だった。彼は経済と社会における新たな諸力に開放的で、ドイツにおけるラント平和（国内平和）の樹立や、ミニステリアーレン（家人）を投入した帝国直轄領の拡大を通じて中央集権的王権の樹立へ努力した。封建政策は部分的に帝国教会財産への皇帝のコントロールを回復させたが、成長した封建秩序（封建的階層制）は、国王を帝国の住民の大部分から切り離し、彼らは諸侯・貴族や教会そして後には帝国諸都市の臣民となった。国王と直接関わるのは帝国諸侯や帝国都市だった。

バルバロッサとハインリヒ獅子公との権力闘争は、一一八〇年に帝国レーン（皇帝から直接授与される知行）であるザクセン、バイエルンの両大公領の剝奪で終わるが、真の勝利者である高級貴族と教会諸侯は「帝国諸侯身分」として、正式に宣言を受けて戦利品を分捕った。この時から特別に国王選挙者（選挙侯）が抜け出た。三名のライン地域の大司教（ケルン、マインツ、トリーア）と、ライン宮中伯、ザクセン大公、ブランデンブルク辺境伯、ボヘミア王だった。

ブルグント伯の相続女と結婚した皇帝バルバロッサは、教皇が自己の権利として意のままの所有物と見なしている皇帝冠を獲得するため、教皇への服従の象徴である、教皇乗馬の鐙《あぶみ》を自ら取り、手綱を引く行為を承諾せねばならなかった。しかしドイツ王＝皇帝を教皇の封建家臣とする教皇庁の試みに対し、シュタウフェン朝は強く反対し、バルバロッサ以後は「神聖帝国」（sacrum imperium）を称し、自らの帝権の「神直属」を強調し、地上におけるこの世俗的「代理職権」を教皇ではなく神から直接由来するものとした。

バルバロッサは、コンスタンティヌス大帝の範に倣い一一六〇年にパヴィアで公会議を開催し、競合する二人の教皇によるシスマに対処し、また、古代皇帝権力の復興を提起した。この「神聖帝国」

地図４　シュタウフェン朝時代の神聖ローマ帝国

は神に直接由来し、ここにおいて教皇権から独立したキリスト教世界の「地上の建物」となった。教会改革運動の成果が世俗の支配秩序に影響するに至った結果、①ローマ皇帝のもとでの全キリスト教世界の統合と、②帝国に属する者たちの共通の信仰とが結合し、皇帝は改めて世界支配理念を促進する。

皇帝の財布であるイタリア！

バルバロッサ及び書記局長ライナルト・フォン・ダッセル（一一二〇頃～六七）は、帝国の神聖性を強調する一方、ローマ的国家思想の復活を意図した。叙任権闘争後、強力になった教皇権に対して皇帝の立場を守るため、ローマ帝国への回帰がなされた。全キリスト教世界に対する皇帝の責任が世界支配理念を促進し、皇帝宮廷では、西欧の諸君主（今や皇帝の臣下と位置づけられる）は「小王たち」（reguli）とされた。

一二世紀終わりには、ドイツの人口がカロリング時代の一・五倍の約七〇〇万人から八〇〇万人に増加した。経済生活は拡大・成長し、生産は増大し人口増加と結びついた。都市的集落数も一三世紀半ばに三〇〇〇に達する。人口増加は南・西ドイツでは森や湿地の開拓・農地化で吸収されたが、北・東ドイツでは東方への植民・定住の波を引き起こす。エルベ川の東のスラヴ人地域は、一一五〇年から一三〇〇年にかけてドイツ人の居住地が増加する。

バルバロッサは「帝国イタリア」（北イタリアを中心とする旧ランゴバルト王国領）に対するドイツからの支配の新たな拡大とその財政・担税力の動員に際して、伝統的なランゴバルト＝イタリア王冠の諸権利を有効に働かせた。彼はイタリア諸都市の経済力を皇帝政策の遂行のために吸い上げようとした。諸都市に皇帝代理を置き、一一五八年にロンバルディア諸都市の代表者をロンカリアの野に開催した帝国議会に召集し、ボローニャの法学者を通じて彼らにローマ法、皇帝法及び臣民の義務を「提示」し確認させた。この目的の一つは、東方とドイツとの商業の拠点である北イタリア（ロンバルディア）の掌握だった。

イタリアの都市共同体はすでに司教の都市支配を振り払っていたが、新たな皇帝の要求に対して都市貴族の指導の下に反抗した。バルバロッサは一一六二年ミラノを焼き払い、ロンバルディア都市同盟の結成（一一六七年）を誘発した。同盟はヴェローナ、ヴィチェンツァ、パドヴァ、トレヴィソ、フェラーラ、マントヴァ、モデナ、ボローニャ、ミラノを合して抵抗した。同盟軍はレニャーノで皇帝軍を破り、六年間の休戦を余儀なくさせた。バルバロッサは教皇とヴェネツィアの和を締結し（一一七七年）、コンスタンツの和（一一八三年）でロンバルディア諸都市に自治を認めざるを得なかった。

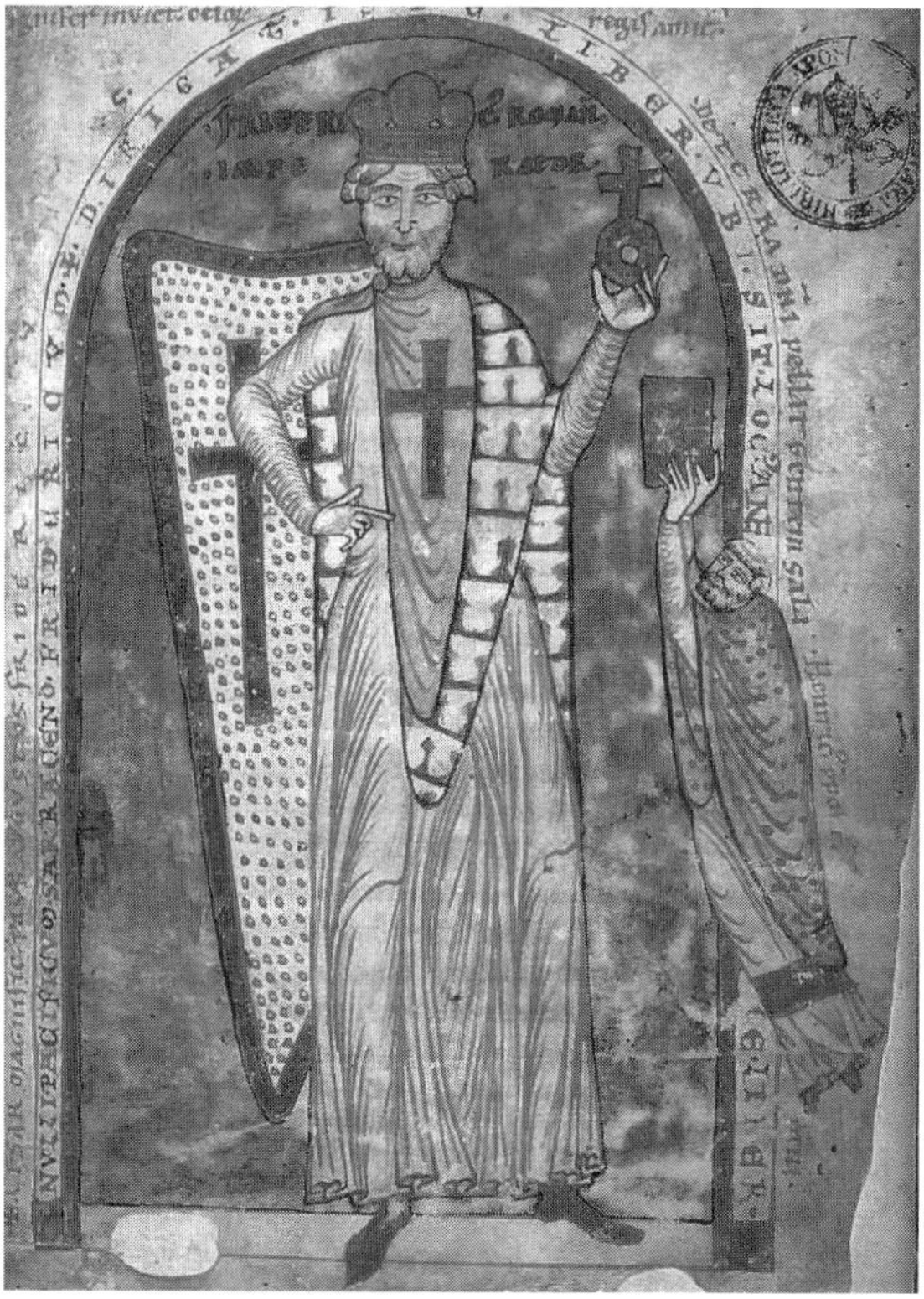

図５　バルバロッサ帝肖像画
冠と帝国の林檎を帯び十字軍指揮者のマント着用
『Historia Hierosolymitana』細密画（1188／89 年）

十字軍の先頭に立ち、東方と西方を再び一つにしようとする彼の望みを挫折させたのが、小アジア南部のサレフ川（ゲクス）での彼の不意の死（一一九〇年）だった。彼の統治は大変強い印象を残したので、後に続く時代は、その国民的憧憬を彼に結びつけ、その劇的な死を超えて再来伝説が広まる事となる。一三世紀半ばのシュタウフェン朝の没落後、ドイツ人の間では帝国権力の復興への思いが消えなかった。帝国再生願望がバルバロッサの孫でシチリアを地盤とした皇帝フリードリヒ二世にまつわる伝説と結びつく。皇帝は死んだのではなく魔法にかけられてドイツ東部のキフホイザー山中奥深くに眠っている。偉大な髭は伸び続け、その地で彼は帝国の栄光を保持し続け、いつの日にか帰国し、帝国が昔の栄華を取り戻し再生するという伝説（キフホイザー伝説）である。この伝説を利用して、長く隠遁していた皇帝だと名乗る者がその後も出現する。

ハインリヒ六世の目指した帝国とは？

バルバロッサの息子ハインリヒ六世（在位一一九〇～九七）はノルマンのシチリア王国の相続女コンスタンツェと結婚し、一一九四年以来シチリア王国を基点に地中海東方地域へ手を拡げる。海港都市ジェノヴァとピサの援助で南イタリアとシチリアを確保し、中部イタリアの教皇国家を包囲したドイツ王の皇帝権はイタリアでの勢力の頂点に達した。

イタリアと並んで、プロヴァンス、ドーフィネ、ブルグント、アルザス、ロートリンゲン、スイス、ホラント、ドイツ、オーストリア、ボヘミア、モラヴィア（メーレン）、ポーランドが彼の影響力の下で結合していた。イングランド王リチャード一世は第三回十字軍で現地における諍いの故に帰路オーストリア大公に捕えられ、皇帝ハインリヒ六世に身柄を引き渡された。そして莫大な身代金を皇帝に支払い短期間であるが皇帝を封建主君と認めた。アフリカのアルモハード朝は貢納を支払った。アンティオキア、キリキア、キプロス、アルメニアは帝国との結合に加入することを請うた。

「地中海帝国」の支配者ハインリヒ六世にとって、ビザンツ帝国征服プランは達成可能であったが、コンスタンティノープルとイェルサレムを世界支配の目標に定めて、メッシナ港に準備を整えた十字軍の出発を前にした彼の突然の病死で、皇帝権をシュタウフェン家に世襲的に結びつける計画も挫折し、中央権力が未確立のドイツと帝国は動揺し、破局、諸勢力の争う混沌へと導かれた。

神権政治家インノケンティウス三世（在位一一九八～一二一六）が教皇座に登り、未成年のフリードリヒ二世（在位一二一二／一二一五～五〇）の後見人として、ドイツ王位争いの裁定者として介入し、教皇権がキリスト教世界における君主たる責務を担う。フリードリヒが成年に達して親政を開始した後、皇帝権と教皇権の最後の対決はますます激しくイタリアで燃え上がった。

インノケンティウス三世は事実上ドイツ帝国を支配した。ヴェルフェン家のブラウンシュヴァイク公オットー四世（ハインリヒ獅子公の息子　在位一一九八〜一二一四）をシュタウフェン家のシュヴァーベン公フィリップ（在位一一九八〜一二〇八）に対して、次いでフィリップをオットーに対して、そして最後にはオットーをシュタウフェン家の若手フリードリヒ二世に対して、はたまたフリードリヒを再びオットーに対して、それぞれ反抗させ漁夫の利を占めた。一二一〇年フリードリヒ二世は、シチリア王国を帝国に合体しないことを教皇に約束し、教皇権はドイツ皇帝権による南北からの包囲の悪夢から教会国家を解放した。

インノケンティウス三世は自らを聖ペテロのみならず皇帝コンスタンティヌスの後継者と思っていた。彼の支配理念は、教皇が皇帝権力をローマ皇帝たちからフランク人へ移転し、カール大帝が教皇による戴冠と塗油によってのみ皇帝となったが故に、教皇は自らが与えたものを取り戻すことができる、という信念において頂点に達した（帝権移転論）。

絶頂期の教皇が主宰した一二一五年の第四回ラテラノ公会議は彼に教皇・立法者・裁定者としての世界的名声を与えた。彼はキリスト世界の諸国民にアルビジョワ派に対する十字軍を呼びかけ、呵責なく遂行した。インノケンティウスはこの時代の最も卓越した政治家として、世界教会を聖俗権力の頂点に導き、教会的世界国家の夢をほぼ実現させた。

フリードリヒ二世はドイツにおける領国形成を促進した？

フリードリヒ二世は、皇帝による南北からの包囲を回避して「（北・中・南部から成る）三つのイタリア」体制を守るためにシチリア王国を帝国から分離させようとする教皇と対決し、地政学的重心をますますシチリアと南イタリアに築きつつ、父ハインリヒ六世と同様に世界支配の思想を実現しようとした。シチリア王国は神聖ローマ帝国の一部ではなく、別の国だったが、フリードリヒは栄光に満ちた自己の世襲領地を帝国の心臓と位置づけた。

一二一一年のドイツ王選挙後、フリードリヒは自らを「選挙されたローマ皇帝」と称し、自己の印章に、「ローマは世界の主として全世界を統治する」と刻み、一二二〇年のローマでの皇帝戴冠以後は、皇帝の法律をユスティニアヌスの『ローマ法大全』に加えるよう命じた。都市ローマを支配する政治的な試みは、ローマ教会との長期間続く抗争を不可避にした。祖父バルバロッサがドイツにおけるシュタウフェン領国の人的・軍事的・組織的な力にもっぱら依拠したのに対して、フリードリヒ二世の権勢の基盤はシチリアを中心とする南イタリアであり、ドイツで彼は諸侯勢力の領国建設を認める妥協を常とした。

教皇との関わりでは、フリードリヒ二世は一二一一年にオットー四世の対立皇帝として選挙されたが、その際、教皇インノケンティウス三世は、シチリア王国を帝国と合体させないよう要求した。即ちフリードリヒが未成年の息子ハインリヒ（七世）にシチリアを委ね、シチリアがその後も引き続き教皇の後見統治下に留まる条件だった。実際には逆に、フリードリヒは諸侯たちを動かして九歳のハインリヒをドイツ王に選挙させ（一二二〇年）自らにシチリアを留保した。その代償として、ドイツについては一二二〇年の「教会諸侯との協約」で、重要な世俗的高権（レガリア＝市場開設権、貨幣鋳造権、関税徴収権、築城高権、裁判権など）を譲渡して聖界（教会）諸侯の支持を得た。

その後、彼はシチリア王国の新秩序の樹立に力を注ぐ（一二二一〜三一年　諸侯と都市の割拠による混乱の除去。有給官僚による行政官職、立法、専売制、財政機構整備）。これらにより近代的国家を樹立したと評される。一二三一年の『メルフィ勅令集』はシチリアの法律の集約である。一方、息子のハインリヒ七世（在位一二二〇〜三五）は成長するにつれて、かつてザリアー朝のハインリヒ四世が行ったように、ミニステリアーレン（家人）や都市と結んで皇帝的諸権利の強化を図った。諸侯は強く反発し、ヴォルムスの王宮会議（一二三一年）で「諸侯の利益のための取り決め」を王に強制し、世俗諸侯にも聖界諸侯と同等の領域支配諸特権を認めさせた。父のフリードリヒ二世は一二三二年この「取り決め」をわずかに緩和した形で確認することを余儀なくされた。特に都市抑圧的な傾向が明瞭であり、都市同盟が禁止され、自治都市振興政策は放棄された。かくして帝国は集権的政策遂行のための新たな力を新興市民階級から汲み取ることを断念した。

図6　フリードリヒ２世
『狩猟の書』1244年の挿絵模写（1260年）
ヴァティカン図書館蔵

フリードリヒ二世の二つの諸侯法は、ドイツの諸侯領国化を承認したものと見られた。帝国は国家建設の競争で他の西欧諸国や帝国内諸侯領国に後れを取った。勝利者はヨーロッパの各地で勃興し始めた国民国家・個別国家（領国）であった。ドイツの諸侯たちの領国は後に国民国家の規模を小さくしたような「領邦国家」となる。フリードリヒはドイツにおける国王領国の創設を考えたが（一二四六年バーベンベルク家断絶後のオーストリア回収）、シチリア式の官僚組織の導入までは行われなかった。シチリア王国を帝国の要石とした彼は、ドイツにおける王権伸張よりも、中部イタリアとロンバルディアにおける帝国の支配権確立を当然優先させた。

「反キリスト」として一二四五年に最終的な破門をされたフリードリヒが没した一二五〇年を境にして、ドイツ帝国は変わる。古代ローマ以来の世界支配並びに神聖帝国理念の最後にして最大の形成物たるシュタウフェン朝の帝国は急速に崩壊した。ドイツ人を担い手とするキリスト教ローマ帝国は、その存続を問われる事態に陥った。この後のドイツ帝国は、大空位時代（一二五六〜七三年）を経て、相次ぐ国王選挙の結果、「王朝」は継続せず、王権と並ぶ新たな代表者を選挙侯に見出した。

彼らの影響力でその後一世紀間に、主としてハプスブルク、ヴィッテルスバッハ、ルクセンブルクの有力三家門の間の王朝交替が行われる。皇帝戴冠をしないドイツ王（「ローマ人の王」rex Romanorum）が「帝国」を支配する現実が生じた。皇帝が居る場合でも、自己の家門領国に依拠し、ドイツの国家的発展は、完全に帝国から諸侯の領国へと移った。

重要なことは、オットー、ザリアー朝時代と中世末期以降の時代の違いは、「帝国」の存続要件としての「ローマでの皇帝戴冠」がその意義と重要性を大きく減じていることである。その転換点である「金印勅書」に示された変革をこれから見てゆこう。

第三章　「ドイツ国民の神聖ローマ帝国」への道

1　ローマでの皇帝戴冠と「イタリア政策」

ローマは戴冠に値する？

盛期皇帝権にとってローマは古代帝国の都に留まらず、新たな「神聖帝国」の都でもあった。それを具体化し帝都ローマ及びイタリアに拠点を移そうとする力と、フランク＝ドイツ帝国の伝統を重視しつつ分国イタリアの理念的な都であるローマでの権力プレゼンスを維持しようとする力とが相拮抗している。苦労を伴う彼らの実際行動とその根底にある熱情は、ドイツ皇帝の「イタリア政策」が決して空虚なものではなかったことを物語る。

一三五四年九月、カール四世は三〇〇名の騎士と共にイタリア遠征に出発し、五五年一月にミラノでイタリア王戴冠を行い、ローマでは復活祭祝日（四月五日）に、アヴィニョン「捕囚」中の教皇の

1

2

3

4

図 7-1　帝国権標を帯びたカール大帝の肖像
本図はアルブレヒト・デューラー画（1510 年）
権標の皇帝冠，剣，「帝国の林檎」を持つ
ニュルンベルク，国立ゲルマニア博物館蔵

図 7-2　帝国権標の一つ，「皇帝冠」
ウィーン宮廷美術館所蔵

図 7-3　帝国権標の一つ，「帝国の十字架」
下左：「聖槍」の穂先，
下右：「聖十字架」の 1 片　同美術館所蔵

図 7-4　帝国権標の一つ（通称「帝国の林檎」）
世界支配の象徴であるが，地球が球体である
ことを意味するのではない　同美術館所蔵
＊なお，帝国権標は他にも剣や戴冠時着用の
マントなどが幾つかある

特使枢機卿の手で、后アンナと共に皇帝・皇后戴冠式を挙げたが、政情不安定なイタリアでの滞在を切り上げ、財宝を手にして逃げるようにドイツに戻った。

約一世紀後、一四五二年三月一九日、フリードリヒ三世（在位一四四〇〜九三）はローマにおいて、后エレオノーレと共に教皇ニコラウス五世の手から帝冠を受け、皇帝・皇后戴冠式を挙行。ローマで教皇により行われた最後の皇帝戴冠となった。カールと対照的に、フリードリヒはほとんど出費なしに北イタリアを通過、抵抗を受けずにローマに至った。紛争の合間に実現した短い幸運な時期だった。歴代「皇帝」たちがひたすらローマを目指して苦労した歴史から観ると、極めてあっけなく成就した戴冠だった。

キリスト教的ローマ帝権とフランク＝ドイツ的覇権帝権の交錯

オットー三世（在位九八三／九九六〜一〇〇二）は自らをドイツ王ではなく「ローマ人の皇帝」と意識し、九九六年の皇帝戴冠後、「ローマ人の皇帝アウグストゥス」（Romanorum imperator augustus）を自称するとともに、古代皇帝の都ローマに本拠を移し、アヴェンティーノの丘に宮殿を建てて居住した。彼は九九九〜一〇〇〇年のポーランドのグニェーズノへの巡礼を契機として、旧ローマ帝国領域を超えた帝国の更なる拡大を志向した。皇帝に仕える四人の侍女（ガリア、ゲルマニア、イタリア、スクラヴェニア＝スラヴ世界）を配した絵が当時描かれた（図８参照）。ローマ教会の持つ普遍的な勢威は、当時の帝国の境界を超えて広がりつつあり、それを帝国内の教会へと引き戻すことはもはや不可能だった。

オットー一世及び後継者にとって、皇帝の権力とは、ひとつには「ローマ教会の守護権」だった。その場合の「ローマ教会」とは、その首長（ローマ司教）が普遍的に活動していた「ローマの地方教会」であるが、決して西方教会全体ではなかった。一一世紀末まで、皇帝と教皇の関係は、教会守護権（事実上の支配権）に立脚して皇帝優位に作動していた。皇帝を諸王と区別するものは、権威であり、皇帝戴冠と結びつけられた塗油は、「主の塗油された者」である皇帝に他の諸王に優る普遍的地位と宗教的高位を与えた。しかしそれは「世界支配」ではなく、実質的には教会保護を通じた「世界奉仕」であった。

オットー三世が推進した「ローマ帝国の復興」（renovatio imperii Romani）政策はその死で途絶するが、ザリアー朝のコンラート二世の書記局では「ローマ帝国」（imperium Romanum）の語が貫徹する。皇帝権自体はオットー大帝の非ローマ的自生的なゲルマンの覇権的皇帝権に、ローマ的な皇帝権の伝統が接合し、フランク＝ドイツ的な帝権を中核とし、それを超えて東西両ローマ皇帝の並存状況下の「西方帝権」を意味するに至った。

「ドイツ帝国」（「神聖ローマ帝国」の呼称は一一八六年の共治王ハインリヒ六世の文書に初出。次のフリードリヒ二世で普及）は、中世末期になると「ドイツ国民の神聖ローマ帝国」（das Heilige Römische Reich Deutscher Nation）と呼ばれるが、その名称はこの国家的形成物の持つ三つの本質的特徴を示す。第一にこの帝国及びその支配者たちは自己を「ローマ帝国」の継承者と考えていた。第二にこの帝国はその存在の基礎をキリスト教及びキリスト教会との関係に由来する宗教的な使命に置いていた。最後に、ローマの遺産の継承者かつキリスト教の宗教的使命の担い手がドイツ人であることを意味する。

図８　皇帝に仕える４人の侍女
右からイタリア，ガリア，ゲルマニア，スラヴ世界
『オットー３世の福音書』（998～1001年頃ライヒェナウ修道院で制作）から　ミュンヘン，バイエルン州立図書館蔵

オットー朝のハインリヒ二世（在位一〇〇二～二四）は「フランク王国の復興」（renovatio regni Francorum）を推進し、ドイツ王のイタリア・ローマ支配を再確立しようとした。司教層は皇帝の支配権の最強力な支柱だった。彼はブルグントとロートリンゲンの教会改革を支持したが、皇帝が教会内部の生活に深く介入したことで、帝国司教たちは政治的義務と宗教的義務の錯綜状況に陥った。

一一世紀の頂点において、次のザリアー朝の皇帝ハインリヒ三世（在位一〇三九～五六）の掌中にある帝国はドイツ・イタリア・ブルグントを統合し「カトリック世界」の中核として強勢を誇った。ただしそれは、若き理想主義者オットー三世の空想的計画のローマ帝国ではなく、教会の首長としてのローマ、否むしろ世界の首長としてのローマに、北方からの保護支配者、古代ローマ帝権の相続人として関わったが故に、ザリアー朝の帝国は歴史的に継続しているローマ帝国（imperium Romanum）に他ならなかった。

ハインリヒ三世の時代に盛期中世の皇帝権は頂点に達したと言われる。一〇四六年のストゥリ公会議で対立する三人の教皇を廃位し、バンベルク司教スイトガーを教皇クレメンス二世に擁立したのが帝国教会政策の絶頂だった。しかしそれは教会改革派の「教会の自由」（libertas ecclesiae　俗人の影響からの教会の解放。当初必ずしも反帝権を意味せず、皇帝と教皇の緊密な協働で実現されると考えられた）と究極的に相容れなかった。ドイツの帝国教会制度が収めた政治的成果は大きいが、オットー朝からザリアー朝のハインリヒ三世に至る、ドイツ帝国体制の内部での世俗的勢力と教会的勢力との濃厚な相互浸透は、帝国結合には貢献したが、皇帝権の政治的基盤の独自の完成を妨げた。

皇帝の支配諸権利に関してドイツ王権の上に加わる帝権独自のものは実はほとんどなかった。「帝権」は現実には広義のドイツ王国を支配した。皇帝位は西方における最高の位階だが、諸王たちはボヘミア王を除いて、ポーランド王もハンガリー王も、イングランド王やフランス王も皇帝の宗主権を認めない。英仏をはじめ生成しつつあるヨーロッパの「国民国家」は、国家的権力に関しては、皇帝と国王の間に何らの区別も許さなかった。

覇権的な「ドイツ王権」が統治する「神聖ローマ帝国」？

ドイツから見れば、帝国の重心は常にアルプスの北にあり、イタリアは属国と考えられた。またドイツ国王に選ばれることは、皇帝称号の帯用を必然化させると見なされた。皇帝戴冠がローマで行われる必要があったが、ドイツ国王に選ばれた者は、皇帝位に対する排他的要求権を持っていた。だからこそ一〇三〇年代以後、選挙されたドイツ王は「ローマ人たちの王」（rex Romanorum）を称号とし、ローマでの皇帝戴冠を行わなくても皇帝と同じ権力を行使しうると考え、事実、行使した。当然、イタリアに対する統治権はミラノでのイタリア王戴冠を待たずに、選挙されたその日からドイツ王に属していた。

世俗権力の中心はアルプスの北に、霊的権力の中心はローマにという二元論が中世世界の基調である。教皇権が描くところの、ローマを中心とする教権支配的な観念に対してドイツ皇帝権が体現する覇権支配的な観念は、ドイツ及びドイツ的東方地域を基盤とし、アルプス通路を押さえ、イタリアをもう一つの勢力展開の場とするものだった。その結果、ドイツ帝国はローマ&イタリアとアルプスの北とに二つの重心を持っていた。

アルプスの北に生じた巨大軍事力としてのカール大帝及びオットー大帝の覇権的帝権は、必然的に旧ローマ的な軍事帝権に結びつくものだった。アルプスの北で軍事力を糾合し、「ローマ遠征軍」を召集し実行できる者こそがローマ皇帝であり、まさに「軍隊が皇帝をつくる」のである。北方の軍事帝権がローマで力を発揮することこそが皇帝戴冠を実現する。カトリック教会と結びついた中世帝権は、まさに軍事皇帝権（軍隊帝権）であり、かつ「教会の守護者」（advocatus ecclesiae）だった。それが可能なのは、一〇～一三世紀半ばまでドイツ国王＝皇帝のみであった。しかもこの伝統は大空位時代を経験した後、中世後期から近世初期に至っても強く存続する。

中世のドイツ国王が支配していたのは「ローマ帝国」であり、権力的には「ローマ皇帝権」だったと考えるのが近代の最大の歴史家ランケ（一七九五～一八八六）であるが、そのランケも注目したとこ

図 9-1　カール大帝の半身聖遺物櫃
1310 年頃制作，冠は 1349 年カール 4 世が寄進，アーヘン宮廷礼拝堂蔵

カール大帝は，神聖ローマ帝国の初代皇帝ではないが（初代はオットー大帝），中世のローマ帝国の歴代皇帝たちはカール大帝を尊崇しており，アーヘンはドイツ王戴冠の地であり続けた。オットー 3 世は 1000 年にアーヘン宮廷礼拝堂のカールの墓を開封し，大帝の歯を 1 本と，朽ちていないマントの一部と金の十字架頸飾を取り出した。フリードリヒ 1 世バルバロッサは 1165 年のカール大帝の列聖を機にアーヘン聖堂に巨大な円環シャンデリアを寄進した（天井から地階の広間の頭上に下がる⇒図 9-2）

図 9-2 アーヘン宮廷礼拝堂のバルバロッサ寄進の大シャンデリア

ろの、カロリング「中部王国」（ロートリンゲン・ブルグント・北イタリア）の西方世界における地政上の重要性が改めて注目されるべきである。ランケによれば、後世のドイツ国王が常に皇帝の称号を採ったのは、ロートリンゲンの遺産とイタリアとを、ドイツが武力だけでなく、「条約」によって併合したが故に、帝位はドイツ側に留まることになったからである（ランケ『近世史の諸時代』）。

確かに、カールの時代のアーヘン＝ローマ枢軸に由来し、東フランク＝ドイツ王国がカロリング「中部王国」を編入した後は、「疑似（もしくは拡大された）中部王国」たるドイツ帝国とローマ教会との南北枢軸こそが、カトリック世界の地政学上・政治上の中枢であり続けた。ローマ改革教会主導型の十字軍もまた「疑似中部王国」とイタリアの枢軸から繰り出されたと言える。ロートリンゲン地域における都市の自立的発展や、ブルグントの主要部のフランスへの併合・編入が、ドイツ帝権のイタリアへの「主道」を通行困難にするに及んで、シュタウフェン朝の帝権が南独からアルプスを越えるイタリア・ルートの確保に苦労するもととなった。ドイツ帝権の弱体化と、これと不可分なローマ教皇の権威の低下、フランスの台頭などが象徴する南北枢軸の弱体化へと進んだと言える。カール・オットー以来のドイツ的中世帝国は、ザリアー朝を経て一二五〇年のシュタウフェン朝の崩壊とともにその終焉を迎えるのである。これまでヨーロッパにおいて神聖ローマ帝国にある種の優位が与えられ、ドイツ王の帝位請求権に誰も異を唱えなかった何世紀もの時代が終わり、諸国家の台頭の中、ヨーロッパの主導権はフランスに移る。

2　皇帝に昇任さるべき王（rex in imperatorem promovendus）の選挙

帝国理念は存続したか？

フリードリヒ二世の死（一二五〇年）から「金印勅書」の成立（一三五六年）の間に「神聖ローマ帝国」は事実上「ドイツ帝国」となるが、帝国理念はもちろん消滅しなかった。中世末期の諸年代記は、ますます精密な表現で、ドイツ王＝皇帝をその担い手とし、ローマ教会とキリスト教的西方世界の保護のために召された普遍的皇帝権の救済史的な使命、という思想で満たされている。イタリアの諸大学の法学教師たちは、古代末期の『市民法大全』を立法・司法における皇帝の絶対的地位と権限という文脈で解釈した。全ヨーロッパに広がる皇帝権の使命についてはもちろん疑問視する法学者がいた。とりわけフランスでは、「フランス王は自己の王国においてはあらゆる法に関して皇帝であり、世俗的な事柄においては上級者を必要としない」という断固たる立場だった。

フィリップ二世尊厳王（在位一一八〇～一二二三）の時代に名実共に強力になったフランスのカペー朝は、シャルルマーニュ（カール大帝）の末裔を自認しつつ、聖王ルイ九世（在位一二二八～七〇）の時代になると教皇庁と提携してフリードリヒ二世の対抗勢力として浮上する。シュタウフェン朝末期から大空位時代の混乱期にフランスへの帝権移転すら論じられる中、ケルンの聖堂参事会員ロエスのアレクサンダー（一二二五頃～一三〇〇頃）は『ローマ帝権の優位に関する覚書』（一二八一年）の中で、神が最終的な諸国民の任務分担で「教権」（sacerdotium）はイタリア人に、「学権」（studium）はフランス人に、そしてドイツ人には「世界支配権」を備えた「帝権」（imperium）を委ねたと説明した。本書は広く読まれ、現実の政治上の混迷の中でも帝国理念はドイツ人の中に深く根を下ろしていた。

一二七三年にハプスブルク伯ルードルフ（国王在位一二七三～九一）が国王に選挙され、その後に東方地域におけるボヘミア（ベーメン）王オタカル二世の権勢と野望がデュルンクルート（マルヒフェルト）の戦場でルードルフによって挫かれた（一二七八年）後、帝国の重心は西方から東方へ移動しはじめた。帝国のスイスに近い南西角地域の出身であるルードルフは、断絶したバーベンベルク家のオーストリア大公領の地に自己の家門支配権力・国王支配権力の強力な基盤を築き、ウィーンを自領の首都とした。以来、とりわけルードルフとその息子のアルブレヒト一世の旧帝国財産・所領の回復の努力が失敗し、類似目的で建設された帝国守護領が目標達成できなかった後には、同家は国王としてよりは一個の強力な領邦君主として支配を貫徹するしかなかった。ルードルフはドイツに平穏と秩序（ラントフリーデ）を再建しようとしたが、一二七九年に皇帝権の教皇権への完全従属を承認し、南イ

図10　ハインリヒ7世夫婦のアルプス越えイタリア遠征
『Codex Balduini Treveensis』（1330~40年）挿絵
コブレンツ州立公文書館蔵

タリア・シチリアにおける全権利要求を放棄したが、皇帝戴冠は結局成就しなかった。

ルクセンブルク家の皇帝ハインリヒ七世（在位一三〇八〜一三）はドイツとイタリアを統一する最後の試みを行った。ドイツ諸侯からの支援がほとんどないまま、彼がイタリア遠征に乗り出したとき、ロンバルディア諸都市はこの弱体王を熱狂的に歓迎した。なぜなら、彼らは都市内部の階級闘争や都市相互間のフェーデの鎮圧や、教会の政治的専制に対抗する王の援助を期待したからである。詩人ダンテ（一二六五〜一三二一）はハインリヒを厳かに歓迎し、著書『帝政論』で霊的権力からの世俗権力の独立を論証し、ハインリヒがイタリアを教皇の支配から解放するよう励ました。しかし財政的に富強なフィレンツェでは反皇帝派のグェルフ派が主導権を獲得し、相互闘争の中で発展してきた諸都市は皇帝への援助を拒否した。イタリアでの惨憺たる戦いの最中に后を失った彼は、ようやくローマで皇帝戴冠したものの、その後も続く戦いの中でピサで病没した。

帝国の重心の東方移動

ドイツの南欧への支配権要求は実現しなかった。この地では現実の教皇支配、アンジュー勢力、諸都市の経済力、とりわけ早くから発展し皇帝フリードリヒ二世時代以来教皇に奉仕したフィレンツェの金融資本、等がそれを阻んだ。しかしドイツの東方拡大が帝国の政治的重心の移動をも伴って成功した結果、ウィーン、プラハ、ブランデンブルク地域、ケーニヒスベルクがドイツにおける支配権力の新たな中心地となった。

ドイツ人の東方定住運動は、一二・一三世紀以降スラヴ人の居住する地域にドイツの都市法と開墾・定住のモデルを移植した。この刺激は東中欧を西方へと強く結びつけ、スラヴ人をゲルマン人、ローマ人（ラテン系）と並ぶヨーロッパの三大民族とした。ドイツ人は移住者・植民者・領主として、征服者及び投機者、商人・手工業者、鉱夫及び知識人として東中欧へ来住した。多数のドイツ人家族がドナウ川沿いにハンガリー、ルーマニア（トランシルヴァニア地方）へ進み、ドイツ商人はフランクフルト・アン・デア・オーデル、ブレスラウ、プラハ、クラカウ、ダンツィヒ、リガ、レヴァル、ドルパートで市場を創設し、販路を開拓し、北海・バルト海からアルプスや黒海までの商業地を設立した。

商品の交換だけではなく、精神、趣味、労働・企業家熱情、生活規範及び教養等も伝播した。シュレジェン（シレジア）とポーランドのピアスト家やチェコのプシェミスル家のようなスラヴ系王朝は、ドイツ人定住者、商人・鉱夫たちを領地に呼び寄せ特権を与えた。最も注目されるのはプシェミスル朝のボヘミア王国であり、一〇世紀以来ドイツ王国内に特別の位置を占め独自の勢力を発展させ、一三世紀の繁栄を迎え、民族王朝断絶後もボヘミア地域を中心に、ルクセンブルク家、ハプスブルク家の下で帝国の中心地域の一つとなった。

当時の権力の所在は？――官職権力、家門権力、国王＝皇帝権力

理論上皇帝に留保されている諸権利すなわち、大学の創設権、博士号や公証人称号の授与、桂冠詩人を任命し、庶子を認知するという権利だけでは実際に「国家」を作ることはできないが、それでも官職の授与、貴族身分への昇進、貴族階層内部でのランクの上昇、そして当時なお可能であった司教職その他の聖界秩禄の占有に関する影響力の行使などは、帝国政策の効果的な手段となり得た。

もっと重要なのは帝国内の正義と平和を保障するという王の責務だった。ルードルフ一世は一二三五年のフリードリヒ二世によるマインツの「帝国国内平和令」（Reichslandfriede）を更新し、平和令違反者に対し宮廷裁判所の処置を通じて王の権威を再び強力に通用させた。ルードルフはまた、断固とした差し押えを通じてオーストリア、シュタイアーマルク、ケルンテン、クラインを自己の家門にもたらし、家門政策の道を採った人物でもあり、王権は平和秩序の主宰者として新たな権力基盤を持ちうると思われた。

その根拠を与えたのは封建法であり、それは封建的ピラミッドの頂点に立つ王に空位の帝国直属領国・領地の回収と、『ザクセン法鑑』に主張される授封強制なしの自由裁量による当該知行の処理を可能にした。公式には帝国の終焉まで、帝国直属領国の所有変更（交替）に際して、改めて皇帝からの授与が請願された。国王が回収した封建知行の新規授与に際し自家門を優遇したのは当然だった。

盛期中世の血統権的継承を故意に排除した選挙侯に従えば、ドイツは決して世襲王国たるべきではなかったので、新王となった者は皆、一方で自身の意志を貫徹しうるように、他方では自分の相続者に王位継承の戦いで強力な基盤・立脚点を残すべく、「家門王権」として自家門の利害（領国拡大）を帝国利害に優越させた。

選挙侯団体はいつ確定したのか？

一一九七年の皇帝ハインリヒ六世死後、史上初の国王二重選挙（同時に二人の王が選挙された）に際して、教皇インノケンティウス三世が「ドイツ王選挙の有効性は特定の諸侯の協力にかかっており、何人もこれを無視することはできない」と宣言して以来、従来は多数の帝国諸侯により行われた国王推戴が、少数の諸侯の特権化する慣習が形成された。

一二二〇年代に成立した、アイケ・フォン・レプゴウ（一一八〇頃～一二三五頃）によるザクセン地方の私撰法書『ザクセン法鑑』（Sachsenspiegel）では、新手続が初記載された。選挙に集まる帝国の有力者たちが一人の適任候補者に一致すれば、選ばれた者は王と告示（選任）される。この法行為には三名の教会諸侯と三名の世俗諸侯が「選挙侯」として特定され、彼らは他の諸侯に優ると同時に彼らの受託者として「選定」（Kur）を行う。

その際、最初の投票をブルグント王国の書記局長のトリーア大司教が行い、二番目にドイツの書記局長のマインツ大司教が、三番目にはイタリアの書記局長のケルン大司教が投票する。世俗選挙侯では帝国内膳頭のライン宮中伯がトップを切り、次いで主馬頭のザクセン侯と帝国の執事のブランデンブルク辺境伯が行うという順序である。

帝国献酌頭の官職を持つボヘミア王に対して、『ザクセン法鑑』はボヘミア王が「ドイツ人」ではないとの理由で選定権を否定する。だがこうした法解釈は貫徹せず、ボヘミアの選帝侯位は一二九六年に最終的に認められ、更に「金印勅書」（一三五六年）によって世俗選帝侯の最上位を得た。繰り返せば、長い歴史の中で、ドイツ王国内の王国へと成長してきたボヘミア王国であるが、『ザクセン法鑑』（一三世紀前半成立）ではボヘミア王は国王選挙侯とされなかった（チェコ人王朝だったためである）。しかし一四世紀初めのチェコ人王朝断絶を経て、ボヘミアはドイツ人王を頂くこととなり、最終的に「金印勅書」では七選挙侯のうち俗人諸侯第一位に挙げられたのである。これに反して、選帝侯団体への新規加入を確保しようとするバイエルン侯たちの努力は失敗した。同じくオーストリア、シュヴァーベン、ヴェルフェン家領国やその他の重要な領国は選挙権を得られなかった。

「国王製造人」たちの確定に作用したのは、オットー大帝の即位（九三六年）以来、国王戴冠式に際しライン地域の大司教たちに、そして、戴冠式に引き続く戴冠宴会に際しては、世襲となっていた宮

図 11　国王選挙後の宴会と七選挙侯
『Codex Balduini Treveensis』（1330~40 年）挿絵
コブレンツ州立公文書館蔵
トリーア大司教バルドゥイン・フォン・ルクセンブルクの事蹟を記したものである。場面は 1308 年のハインリヒ 7 世（バルドゥインの兄，ルクセンブルク伯）の国王選挙に関するもの。絵の下部分に並ぶ選挙侯たちはケルン，マインツ，トリーア各大司教，ライン宮中伯（プファルツ伯），ザクセン大公，ブランデンブルク辺境伯，ボヘミア王の七名である

廷の大官職の保持者たちに、際立った儀式的名誉サーヴィスを割り当てた伝統だった。こうした優位が慣習法的に生じたことが強調される。国王選挙に際して、選挙侯以外の別の「選挙人」が投票に参加したとしても、大空位時代の一二五七年以降、七名の選挙侯（選帝侯 Kurfürsten）の多数決投票が選挙を決定するに至り、その結果、他の帝国諸侯は次第に選挙行為への参加を放棄した。

にもかかわらずなお一三一四年に新たな二重選挙が生じた理由は、選挙侯家の大家門が様々な流れに分裂し（例えばザクセン、ブランデンブルクを統治したアスカニエル家）、だれに選定投票権の保持資格があるかを巡り争われたことも稀でなかった。その結果、バイエルン大公ルートヴィヒと対立者ハプスブルクのフリードリヒ「美王」の間に分裂した選挙の決着が戦場で下らねばならなかった（一三二二年ミュールドルフの戦い）。

教皇権との最終対決――ドイツ皇帝選挙の完結

この二重選挙に際して帝国の法と威信を巡って皇帝権と教皇権の最後の闘争が生じた。アヴィニョンの教皇ヨハネス二二世（在位一三一六～三四）がドイツ王位の所有を決定する権限を教皇に帰属させんと欲し、帝位だけでなくドイツ王位すらも「空位」であると宣言し、帝国代理職（皇帝の代理）を要求したからである。ルートヴィヒ四世（在位一三一四～四七）はこの要求に対して複数の「上訴状」

で断固反論した。彼はその際、国内の優勢な法解釈に依拠することができた。それは、選挙侯の多数部分による選挙は全会一致の選挙と等しく、教皇の介入には法律の根拠すら欠けているというものであった。

もちろん皇帝はパドヴァのマルシリオ（一二八〇頃〜一三四二）やオッカムのウィリアム（一二八五頃〜一三四九頃）など著名な法学・神学顧問による大いなる支持にもかかわらず、彼らの急進的観念を全部採り入れはしなかったが、ドイツの内政への教皇の干渉に対する皇帝の抵抗は広範な「世論」の反響を呼び、選挙侯たちの賛同も得た。「ライン川畔のレンス（レンゼ）近郊の果樹園」での会合（「レンスの選挙侯会盟」一三三八年七月）で、彼らは断固として「選挙侯の多数から「ローマ人の王」（rex Romanorum）へと選ばれた候補者は、帝国の諸権利の取り扱い、帝国財産の管理運営ならびに国王称号の使用のために、使徒の座（＝教皇）からのいかなる指名、認可、承認、同意ないし権威ももはや必要としない。教皇にはただ皇帝加冠権が保持されているにすぎない」と宣言した（「レンス判告」）。

同年八月皇帝ルートヴィヒは帝国法「リケット・ユーリス」（Licet iuris）の中で「選挙侯による選挙のみが、神の法の力でドイツ王に完全な皇帝的権力を与え、皇帝戴冠は純粋な形式的事柄である」と公示した。この時代の指導的な法学者でバンベルク司教となるルーポルト・フォン・ベーベンブルクは、その著『王国かつ帝国の諸法論』（一三四〇年）の中で、カール、オットーの帝権を正統に継承

図 13　ルーポルト・フォン・ベーベンブルク著『王国かつ帝国の諸法論』（トリーア市立図書館兼公文書館所蔵）
ルーポルト（1300 頃～ 63 年）はフランケン地方のシュタウフェン朝時代からの帝国家人層（皇帝の下級官僚貴族）の出で，教会の複数の僧録収入によりボローニャ大学で法律学を学び教会法学博士となる。その後教会官職を歴任し，1330 年代半ば頃に皇帝派に転じた。この『諸法論』（1340 年）はトリーア大司教バルドゥインへの献呈の辞を備え，著作成立直後にはオッカムのウィリアム等による批判的引用・論及がなされ，15 世紀の法学者たちも多数がこの著作を用いている。晩年にはカール 4 世とも緊密であり，バンベルク司教として司教領国の統合に意を用いた

図 14「レンス判告」（1338 年 7 月 16 日）この前日，ボヘミア王を除く（諸決議には後から加わった）選挙侯たちはコブレンツから遠くないライン川畔のレンス近郊の果樹園に集まり選挙侯同盟を結成，翌日厳かに同判告で誓約した⇒本文中の記述を参照（図は印章なしの文書，コブレンツ，ラインラント＝プファルツ州立公文書館所蔵）

図 12-1　アヴィニョンの教皇宮殿
教皇の「アヴィニョン捕囚」（1309 ～ 77 年）時にはここが教皇庁となった

図 12-2 「アヴィニョン捕囚」時に皇帝ルートヴィヒ 4 世の敵手であった教皇たち
左からヨハネス 22 世（在位 1316 ～ 34 年），ベネディクトゥス 12 世（在位 1334 ～ 42 年），クレメンス 6 世（在位 1342 ～ 52 年）　ラインのマイン地域で 1430 ないし 33 年に描かれた　プロイセン文化財団国立図書館蔵

するドイツ王はその選挙によって帝国の領域内においてはすべての皇帝的諸権利（＝「帝国帝権」）を得るが、この狭義の帝権の上に加わるキリスト教世界の理念的指導権（＝「世界帝権」広義の帝権）は教皇によるローマでの皇帝戴冠を通じて初めて可能となることを的確に確認したのである。

「金印勅書」は国王選挙と選帝侯による新たな領邦君主諸特権を確定した！

晩年の皇帝ルートヴィヒ四世の露骨な家門権力政策に対して、彼の選挙者たちは反対し、彼を廃位して代わりにルクセンブルク家のボヘミア王をカール四世（在位一三四六〜七八）として位に就けるに至った。帝国権力の強化を再三妨げてきた選挙侯との長引く交渉の後、カールは一三五六年一月のニュルンベルクと一二月のメッツの両帝国議会で、金の皇帝印章にちなんで名付けられた帝国法「金印勅書」を公布した（113頁、図掲載）。この勅書は一八〇六年の帝国消滅までの帝国国制の基礎となった。この基本法を国王諸特権の全面的な放棄と理解すべきではない。むしろこの法は時代の諸状況から許容可能な妥協を示しており、変化した権力関係に対応し、将来を志向する広い視野を含んでいた。

「勅書」は、フランクフルトの聖バルトロメオ聖堂で行われる国王選挙の手続きを最終的に定めた。戴冠式の場は（従前どおり）アーヘンに、新しい支配者の最初の帝国議会の場はニュルンベルクに与えられた。マインツ大司教が選帝侯会議を召集し、トリーア大司教、ケルン大司教、ボヘミア王、ライン宮中伯、ザクセン公、ブランデンブルク辺境伯の順序での公開投票を要請する。最後にマインツ大司教自身が投票を行うとされた。四票の多数で十分だったので、マインツ大司教の投票は事情によっては決定的だった。

教皇の選挙審査権要求は拒否された。投票権を巡る将来の紛争を排除するために、選帝侯領国の不分割性と世俗選帝侯位の男系世襲が長子相続に則って定められた。選帝侯には一連の領国内高権（レガリア）が王権による回収不可能なものとして認められた。城塞・都市建設、貨幣・関税制度、狩猟、鉱山業、塩採掘権、そしてユダヤ人保護権などである。

しかし、最も重大な結果は、選帝侯の領国臣民がもはや国王法廷へ上訴できず、別の領国の法廷に召喚されることもないという規定だった（「不上訴・不移管特権」）。これによって選帝侯の領国主権が最終的に認められ、選帝侯以外の領国支配者も同様な諸特権の享受を自らにも確保するのは時間の問題でしかなくなった。

第四章　帝国の「諸地域」と人々

1　ドイツ帝国と周縁の諸地域

『ドイツのスケッチ』――同時代人の見た「ドイツ」と「ドイツ人」

一三世紀末頃の作と推定される史料『ドイツのスケッチ』（Descriptio Theutoniae）には、当時の「ドイツ」領域を簡略に描写している。「ドイツは大海の岸辺に横たわる地域である。テウトニアあるいは、アレマニアもしくはゲルマニアと呼ばれる」。「テウトニアと言うのは巨人チュートンにちなみ」、「アレマニアと称するのはアレマニアの湖（＝ボーデン湖）にちなみ」、ゲルマニアはラテン語の「生まれる」と結びつけられ、人口は豊かであり、「この地域ほどたいそう多数の人間の住む土地は他にないであろう」。「人々は誠実で勤勉に働く人々」、「野蛮な諸民族のうちで他のだれよりも愛すべき人々」と呼ばれている。「この国の縦はユトレヒト又は大海の岸辺に位置するリューベックから、アルプス、もしくはアレマニアをイタリアやロンバルディアから分かつ山岳までである。大海からアルプスまで一二〇ミリアリア（miliaria　原文はラテン語表記＝およそ八百数十キロメートルか）。人は南へ向かい四週間で容易に歩き通すことができる」。

これはまさに地理的なドイツ概念であり、政治的な「ドイツ帝国」とは適合しない。「この国の幅は、ブルグントに隣接するフライブルクから始まり、東はハンガリアに隣接するウィーンまで広がっている。この間も一二〇ミリアリア。人は容易に四週間で歩き通せる」。「ライン河が貫流するが、アルプスすなわちイタリアとアレマニアを分かつセプティマニア（＝スイス）の山々に発し、コンスタンツのあるアレマニアの湖を流れる。ライン沿岸にはバーゼル、シュトラスブルク、マインツ、ケルン等の多数の都市が所在する」。マインツやケルンはドイツ帝国の最重要な選帝侯だった。著者は世俗選帝侯（ザクセン公、バイエルン公を兼ねる宮中伯、ブランデンブルク辺境伯、ボヘミア〈ベーメン〉王）、次いで聖職選帝侯（トリーア、マインツ、ケルン）の名を挙げ、その後に大司教領を列挙している。しかもリガなどドイツ帝国外の大司教をマクデブルク、ブレーメン、ザルツブルクと同じ扱いで算入し、「テウトニアには総計六〇名の司教・大司教がいる」と述べている。

当時のドイツ王国は、北海・バルト海からアルプスまで広がり、北はポンメルン、メクレンブルク、ホルシュタイン、フリースラント、ホラント、ゼーラント、西はルクセンブルク、ロレーヌ（ロートリンゲン）、南は後のスイス、キアヴェンナまでの山地、クール司教領とティロル、東はクライン、シュタイアーマルク、オーストリア、ブランデンブルク辺境伯領、さらに独自の地位を有し法的に深い関係に立つボヘミア王国とモラヴィア（メーレン）辺境伯領、一四世紀に同王国が獲得したシュレジェン（シレジア）が加わる。

しかしドイツは「自然国境」を持たず、『スケッチ』も政治的単位と地理的概念を混用せざるを得なかった。様々な支配領域を含む「ドイツ」には「フランス人」、「イタリア人」、「ボヘミア人」が居住し、逆にドイツ語を話す人々が「ドイツ」の外に生活していた。ドイツ騎士団領国は皇帝権を介して帝国と結びつくが「ドイツ王国」には属していなかった。

ところで「ドイツ」を表す「アレマニア」（Alemania）という語には、①フランス、イタリア、イングランド、ボヘミアと対比される地域・国としての「ドイツ」が表示される場合と、②シュヴァーベン地方（Suevia, Swevia）という意味の両義がある。①の用法では「ゲルマニア」「テウトニア」も同義として使われる。アレマニアに独自の意味付けを行ったロエスのアレクサンダー（82頁参照）では②の意味（シュタウフェン家の帝国統治基盤＝シュヴァーベン）であり、これよりも当然ゲルマニアが領域的に大きい。しかし、同じ年代記の同じ頁でアレマニア、ゲルマニア、テウトニアが併用される例も少なからずある。

また、年代記ではアレマニアとスウェヴィアを「ドイツ」の意味で互換的に併用する例があるが、シュヴァーベンとアレマニアの区別は諸書に見られ、これは画然と区別されている。その場合アレマニアはドイツを明示している。明確にフランス、イギリスとアレマニア＝ドイツを対比し、また、アレマニアをシュヴァーベン、フランケン、バイエルン、アルザス、ライン等の地域とも区別している場合が多い。同じ区別としては、皇帝ルートヴィヒ四世が「一般平和令」を施行した際、アレマニア（＝ドイツ）はスウェヴィア、バヴァリア、フランコニア、ライン地域並びにオーストリア、シュタイアーマルク、ケルンテンをも包括するとされた。更にライタ川は別の年代記によればオーストリア大公領の境界にあらず、「ドイツ王国」の境界としての意識が強い。

このようにフランス、イングランドと対比されつつ、又一方でシュヴァーベン、フランケン、バイエルン、アルザス、ライン等のドイツ内諸地域を含むアレマニア＝ドイツという一般的地域概念が明示されている。地域としてのみならず、「ドイツ人」（Alemannus, Germanus, Theutonicus）にも同様の共通使用例が見出される。帝国はこうしてフランスやイングランドと対比されるドイツを含みつつ、依然として教皇をパートナーとするキリスト教世界の指導勢力として理解されていた。

ボヘミア、ハンガリー、ポーランドと帝国はいかなる関係だったか？

諸国の建国と帝国への編入ないし独立の過程が実に複雑である。ポーランドはピアスト家のミエシュコ一世（在位九六〇～九九二）治下に、ポズナニ司教を擁するキリスト教国家（公国）となる。オットー朝の時代、ミエシュコは「皇帝の朋友」となり、九八五年にオットー三世に忠誠を誓うが、その領土は教皇の保護下に置くことに成功。息子のボレスワフ・フローヴリイ（在位九九二～一〇二五）は、オットー三世の普遍的キリスト教帝国理念と友好関係を保持するが、西スラヴ人に対するポーランドの支配的地位は、諸部族の征服とクラクフ占領により確立し、一〇〇〇年にはグニェズノ大司教区の創設とクラクフ、ブレスラウなどの司教区を擁する独立的なポーランド教会が成立した。その後ピアスト朝のポーランドは幾度となくドイツ王権＝帝権の東方政策と対立抗争し、ドイツ王＝皇帝の宗主権を承認したり独立したりを繰り返し、最終的に教会と王国の独立を確立した。

ハンガリーはアルパード朝のもと、イシュトヴァーン一世聖王（在位九九七～一〇三八）はキリスト教的王権の基礎を置き、一〇〇一年にグランに司教座を創設し、教皇シルヴェステル二世の贈った王冠を戴き王位に就いた。ボヘミアではプラハ付近に居住したプシェミスル家が九世紀に独立の国家を建設した。後に民族の聖者と称えられたヴァーツラフ「王」の殺害後、ボヘミアはその王朝を維持したまま、一〇世紀にドイツ王国に編入された。九七三年プラハ司教座がマインツ大司教管轄下に創設され、ヴラティスラフ（在位一〇六一～九二）は一〇八六年皇帝ハインリヒ四世の勧めで王位に昇る。

一二世紀以降これら諸国へのドイツ人の進出・定住が始まる。ドイツは二つの事業（皇帝のイタリア遠征とヨーロッパ東部への植民・定住）を行った。しかしこの東方進出はドイツだけの国民的な企てではなく、ヨーロッパ的規模におけるドイツの功績である。中央権力が主導しなかったため、逆に持続性と平和的成果を達成し得た浸透運動であった。

九世紀において著しく少なかった旧東フランク王国地域の人口は、「農業革命」並びに農業の集約化による豊富な食糧供給、出生率の上昇で、一二世紀にはフランスには及ばないが増加が著しくなり、数と規模の増加を伴った東方への進出の波を生じた。東ドイツ地域の領域支配者やスラヴ人諸侯、土着の貴族、聖職者がポメルン、ポーランド、シュレジェン、ボヘミア、モラヴィア、メクレンブルク地方へとドイツ人農民・市民を呼び寄せた。ドイツの旧東部境界であるエルベ川、ザーレ川、ボヘミアの森は踏み越えられ、進出の波はハンガリーのトランシルヴァニア（ズィーベンビュルゲン）地方にまで及んだ。

2　ドイツとフランス　中世後期の地域と人々

『アルザスのスケッチ』——「ドイツ」と「フランス」の境界地域人の意識は？

同じく一三世紀末頃作成の『アルザスのスケッチ』（Descriptio Alsatiae）によれば、「アルザスは六一ないし七〇ミリアリア（97頁参照）海から離れており、人は大海から三週間で此地に来られる。シュトラスブルク、バーゼル両都市の間に位置する縦一六ミリアリア、横三ミリアリアの地方で、九〇もの男女修道院がある」。空間意識も広大であり、「ヨーロッパの中では中位の地方、北極星を五〇度の角度に有する、これがアレマニアに属するアルザスである。ギリシアの都市コンスタンティノポリスは東方にある」。「かの地からアルザスへは健強なる者が八週間で来られる。ここから西へ位置するコルドバへは七週間で到達しうる」。

「アルザスはライン川に近接している。ライン川は南に発し、北方へ流れアレマニアの真中を行き、アルザス地方とコンスタンツは三日の距離である。山に発するライン川はユトレヒト下流近くで大海に入り、川の流れは一五〇ミリアリアと数えられる」。その他近隣の川に関する記述も精確である。「ローヌ川はヘルヴェティア（＝スイス）に接するアルプスに発し、地中海へ注ぐ」。「ドナウ川はシュヴァーベンに生まれるが、アルザスから四日の所である。此の川はアレマニア、ハンガリアを通り、未開の国々を経て、コンスタンティノポリス近くでポントゥス海（＝黒海）に流れ終わる。長さ五六〇ミリアリア。人は八週間で遍歴しうる」。「アレマニアをエルベ川が流れる。ボヘミアに発し、大海に流れ消える」。

ドイツの横幅は「フライブルクからウィーンまで一五〇ミリアリア」、その「ウィーンから大海まで一五〇ミリアリア」。「アルザスは七つの気候風土を持ち、（日照は）長日で一八時間、短日で六時間なり」。この後、風土・農産物・畜産物・野獣鳥類の記述があり、最後に「城が山野に存在し、強固な都市、強固な村々多く、人口の多い地方なり」という記述で終わる。故郷アルザスへの賛歌と言えるが、同時に、ヨーロッパとドイツにおけるアルザス及びフランスへの地理的認識の精確な叙述が注目されるところである。

フランス側から見た一五世紀の「ドイツ人」と「ドイツ帝国」

ところで、一五世紀のフランス人にとって、ドイツは地域主義が優越し、中央権力は弱体でありながら、それでも、皇帝の優越的地位は今後も長い間にわたって承認されてゆくだろうとの認識だった。一五世紀のフランス系の著作（歴史書、覚書等）に見られる一般的傾向は、ドイツ人に対する定型的な描写であるが、それは、特にドイツ人の兵士や傭兵と前線で接触したことに拠ると思われる。例えば年代記作者のフィリップ・ド・コミーヌ（一四四七年以前の生まれ）はドイツのランツクネヒテ（傭兵）の貪欲さを非難する。フランス人同様に、当時のイタリア人もドイツ兵士の勇敢さを強調するが、同時にその御しがたい粗暴さと残忍さ（「ドイツ的凶暴性」と表現される）と陰険さを指摘する。

トマ・バザン（リジューの司教、シャルル七世の腹心の顧問。ルイ一一世時代史を執筆）は極めて辛辣で、「［一四七五年に皇帝フリードリヒ三世が召集した兵士たちは］食道と胃に身を捧げて」いたと言う。他の著作者たちもドイツ人の多飲・多食指向を強調する。近代以後のフランスがドイツ人の「自惚れ」と「高慢」に過敏であるように、ブルボン公ジャン二世の秘書で、後の顧問官ギョーム・ド・ジャリニイは、ドイツ人の帝国議会での大言壮語を「彼らは大演説をぶつのが習わしである」と非難している。これは一四八九年の帝国議会のことであるが、そこではフランスの敵マクシミリアン一世が、ドイツで膨張しつつある愛国主義的動きを利用し、戦争を以て威嚇していた。類似の観察をバザンは一四七五年のライン川下流の都市ノイスの攻囲戦に際して行っている。

一五世紀におけるフランス人のドイツ像を考察する際、注意すべきは、一五世紀末に「ドイツ国民」という語句が加わったが、当時は「ドイツ」と「神聖ローマ帝国」は同一視されていなかった。相変わらず帝国のドイツ的でない分国（イタリア、ブルグント）が存在し、一八世紀の末まで理論的にはドイツと神聖ローマ帝国は区別されており、帝国の普遍的伝統が保たれていた。にもかかわらず、フランス人の著作者たちは、必ずしも厳密に区別していなかった。フランスが自らの関心をドイツ的隣人に向けるのは、巨大な宗教改革者マルティン・ルター以後である。

フランスが百年戦争後に国王権威を確立し、王国の統一性がますます強化した丁度その時代に、ドイツの不統一性は奇異であったし、事実ドイツでは地域主義が常に重要であり、中央権力が弱体化していた。公証人で国王秘書官のニコル・ジル（一五〇三没）や、既述のジャリニイ、ラ・マルシュ、パリ市民で公証人のジャン・ド・ロワ、並びに詩人でブルゴーニュの歴史家ジャン・モリネ（一四三五～一五〇七）及び年代記作者ジル・ド・ブーヴィエ（一四五五頃没）等は、「ドイツ」ではなく、「ドイツ人たち」について語る。

一五世紀のイタリアの同時代人でドイツとの関係も深いエネア・シルヴィオ・ピッコローミニ（後の教皇ピウス二世）もまた、「ドイツ」の不統一と分裂を強調した。フランス人年代記作者コミーヌ曰く、「ドイツではあらゆる時代にオーストリア家やバイエルン家が相互に敵対し、特にバイエルンは内部で相互に不和であった。他に多くの不和係争がこのドイツには存在する。クレーフェ公とゲルデルン公の、ゲルデルン公とユーリヒ公の抗争といったように」。続けて「ドイツについて一般的に語ろう。そこには相当多くの城砦があり従属者がいる。彼らは悪を行い略奪・強奪をする傾向がある。

そして小さなきっかけから互いに対して暴力を行使するのが常である」。

ドイツで聖俗諸侯を区別することがフランス人にとって特に驚きであり、モリネも聖俗の選帝侯の区別に注目している。領域君主でもある聖界選帝侯という制度はフランスでは知られていなかった。それ故コミーヌは、帝国において高位聖職者たちが武装（軍隊を保持）していることを特別なドイツ的な現象だと強調している。フランスでは存在していない「帝国都市」（Reichsstadt）が、軍隊を所持してよいこともまた驚きであった。バザンも、帝国諸都市と聖界選帝諸侯が軍隊を保持していることを特に強調している。

一五世紀後半のフランスの著作者にとってドイツはこの帝国の中核部分であり、既述のごとくその大きな部分であったが、「帝国」と「ドイツ」は同一ではなかった。中世盛期には、皇帝は神聖ローマ帝国の首長として、フランスの政治的自覚においては「その最も偉大な時代においてのみ」名誉の優越的地位を超えて、当時西方諸王国においても彼に承認されていた、ローマにおけるそして教皇に対する保護支配権という形で、実際に成果を以て行使されたキリスト教的最高審級としての機能を有していた。即ち皇帝は「普遍世界に関わっていた」のである。皇帝には当時本質的には「権威」と区別される「高位の位階たる名誉の優越的地位」が備わっていた。帝権はフランス人たちには尊敬すべきものであり、確かな名声を放っていた。皇帝の名誉の優越的地位は、実際の帝国が弱体であるにもかかわらず、一八世紀末までフランスには承認されていた。

一五世紀のフランスにおいて、キリスト教世界の第一位の世俗的支配者としての皇帝には、特別な位階が当然備わるべきだとの認識がなお存在した。ラ・マルシュはブルゴーニュ公フィリップ善良公（在位一四一九～六九）の提案を引用する。「ザクセン公は自分と皇帝の前で、係争中のルクセンブルク大公領を巡って、皇帝の権力のもと、真の至高性の前で、かつその裁きに服従し決闘するのがよい」と。ラ・マルシュは皇帝フリードリヒ三世がまさにアーヘンで「ローマ人の王」（＝ドイツ王）として戴冠し、厳かに帝国都市ブザンソンに入城してブルゴーニュ公に迎えられた時のことを叙述する。無数の従士、伝令士、槍持ち、弩弓射手、行列中央において双頭鷲旗を持つ旗持、ラッパ手、並びに諸侯とその随行の貴族たちのすべてに著者は賛嘆した。「彼らは大いなる敬意を表して、選挙で選ばれたキリスト教世界の第二位の人物である」皇帝の足下にひれ伏した、と。

フランス人は皇帝フリードリヒ三世の帝国をどう観ていたか？

帝国が皇帝の下で一致していたならば、そのことは強力な要因として明示されたであろう。この壮麗さが開陳され、帝国の統合力が賛嘆されたのが、一四七五年にブルゴーニュ公シャルル突進公（在位一四六七～七七）によるノイス攻囲戦に際して、シャルルに対する帝国戦役として宣言されたものである。ラ・マルシュが記すところでは、皇帝フリードリヒ三世が選帝侯、諸侯、ドイツの有力者たちを、ノイス市の救援に来るよう召集した（マルシュ『覚書』）。

年代記作者フィリップ・ド・コミーヌもまた他の箇所で帝国諸都市の「帝国に対する諸義務」を特に報じたが、ここでも皇帝と帝国諸選帝侯が互いに集まり、ノイスの緊迫した攻囲戦と軍隊編成を協議した。そしてドイツ側から一軍が編成された。その軍勢は「驚くほど大きく、あれほどのものは他では創り出せないほどであった」（コミーヌ『覚書』）。というのはドイツの全諸侯が、聖俗にかかわらず、そして司教やあらゆる共同体もが、そこに多数の人々を拠出したからである。ミュンスター司教だけで六〇〇〇名の歩兵と一四〇〇名の騎兵を配置した。かくして、ノイスでは「帝国の大なる力が勝利を得た」のである。ノイス攻囲戦でコミーヌが強調するのは、「皇帝が軍勢を編成するのに七か月を要した」ことである。軍勢がたいそう大きかったので、「イングランド王の軍勢もブルゴーニュ公のそれも合わせても、私が語る軍勢の三分の一にも達しないほどのものである」。

パリの公証人ジャン・ド・ロワも書き加えている。「やがて、皇帝が全く巨大かつ強力な軍勢のところへやってきた」と。彼は続けて、ブルゴーニュ公と皇帝との交渉及び皇帝が公をフリースラント王に戴冠させることを望んでいたかどうかについても報告している。ラ・マルシュもノイス攻囲戦に際して特に、皇帝の荘厳さの開陳を称讃している。フリードリヒ三世はその地で、デンマーク王や多数のドイツ諸侯の前で、「非常に大きな勝利によって」厳かに自らの威信を高めた。ヨーロッパのあらゆるところから使節がやってきて、「私は、このような華麗な攻囲陣があった、とは信じられない」ほどであると。さらに一四八八年にフランドルで囚われたマクシミリアン一世を救援すべく駆けつけた父フリードリヒ三世の帝国軍の勢力展開についてはジャン・モリネが強調する（『年代記』）。帝国と帝国軍の勢力誇示に対応して、皇帝フリードリヒ三世の権力及び尊厳もまた特別に誉められた。

フリードリヒは、思慮深く計算し粘り強く自らの計画を固持する一方、行動力が乏しい消極的性向であった。ジャン・モリネが「鋭く明確な精神の持ち主は同時代の君主にない」と評した皇帝マクシミリアン一世の方がむしろ主役だった。ラ・マルシュはマクシミリアンが「力と暴力によって」ではなく真の選挙によって「聖なるそして教会法による位階に」選ばれたことを称讃する。モリネは詳細にマクシミリアン一世の一四八六年のローマ王への選挙、彼の勝利、彼の尊厳性の開陳、彼の父皇帝フリードリヒのことを記述する。

このようにフランス人の著作者たちは皇帝フリードリヒ三世を称讃しつつも、ドイツの不統一を強調している。彼らはしばしば「複数形のドイツ」（Allemagnes）に言及し、フランス王国の統合化と同時代の、それと逆に進むドイツの中央権力の弱体を強調する。しかし、東隣の国の中央権力の弱体にもかかわらず、キリスト教世界の第一位の世俗的支配者たる皇帝に対して、フランス人は特別の優越的名誉の地位に帰していた。たとえフリードリヒ三世自身が特別能動的とは評されていなくてもである。

治世開始から三〇年近く、自家門領以外の帝国領域にはほとんど姿を見せず、帝国と距離を置いて、引きこもった観があったフリードリヒ三世であったが、近年の歴史研究によれば、自領国に発して帝国にまで拡大可能な改革の努力を行っている。一四四八年に教皇との間で締結された「ウィーン協約」を見ても、近世へとつながるフリードリヒの功績を評価できる。この協約は、一一二二年の「ヴォルムス協約」を骨抜きにしている現状の追認・文書化である。教会諸官職の任命権は教皇・聖堂参事会にあるものの、国王＝皇帝もその有力な一人であるところの領邦君主との間で教会諸官職は分有された。これは教皇の領邦君主に対する相当な譲歩であり、他の領邦君主家門はもちろん、特にハプスブルク家の権力を利するものであった。後の宗教改革時代の領邦教会主義の先触れでもあった。この「ウィーン協約」は神聖ローマ帝国消滅（一八〇六年）まで一貫する「国家」と「教会」の関係を規定したと言える。

第五章　近世・近代の「ドイツ帝国」

一四世紀以後、帝国は二元的な身分国家となった。皇帝は収縮しつつある中央権力を体現し、帝国議会は自治的・領域的に成長する諸侯権力を代表し、帝国における国家的生活が諸領邦国家において展開した。一五世紀末に、国王都市や自由都市が帝国議会参加権利を有する永続的帝国身分を勝ち取り、帝国都市となった。一五世紀以降の「ドイツ国民」はまだ存在せず、存在するのは諸地域の人間集団（ザクセン、シュヴァーベン、フランケン、バイエルン等の地域）だった。帝国議会の機能不全に比して一層強力に発展したのが領邦（領国）における領邦議会（領邦諸身分会議）だった。

帝国は一八〇六年まで存続した。史料中に登場する「皇帝と帝国」（Kaiser und Reich）という表現は、帝国首長たる皇帝と領邦君主たる諸侯との和合ではなく葛藤を意味した。各地に大小の領邦国家が発展した。大はバイエルン、オーストリア、ザクセン、ブランデンブルク等の領邦であり、それらは家門的分割や領邦身分的な制約にもかかわらず、常に諸侯権力を強化して制度的な領域国家の性格を身につけた。

領邦（領国）では封建関係を統合して中央集権的行政・官僚国家への発展が成功した。領邦国家はドイツにおける身分的代表制の象徴だった。身分制議会には聖俗貴族、騎士、諸都市までもが代表され、王権はこうした発展を帝国内の領域的自治に対抗するものとして促進し、ランデスヘル（領邦君主）に対して領邦内の有力者や高位者すなわち貴族身分議会の同意なしに、臣民に対して税や労働賦役などを課すことを抑制した。課税同意権は領邦諸身分の権勢の主要手段となった。彼らは自らが共通利害と万人の公共の福利の代表者、領邦君主の権力に対抗する支配権所有者並びに領邦臣民の代表者を自負していた。

本章では、中世末期の一四・一五世紀から、一六世紀の宗教改革以後、アウクスブルク宗教和議、ウェストファリア平和条約を経て帝国消滅までのドイツ帝国を見てゆこう。

1　中世末期／近世初期の「帝国」

国王＝皇帝と諸侯の共同統治

「金印勅書」公布の皇帝カール四世（ルクセンブルク家、94頁参照）は、自らもボヘミア（ベーメン）王

図 15「金印勅書」写本及び挿絵
左：皇帝と選挙侯たち，右：選挙侯であるケルン大司教　1400 年頃国王ヴェンツェルの委託で作られた　帝国法・帝国諸権益の保全と選挙王制の護持においてルーポルトと大司教バルドゥインは協調できた。この 1356 年の「金印勅書」は諸侯の勝利宣言となり，同勅書への「レンス判告」とルーポルトの政治理論の影響が大なることを物語る

として所属する選帝侯会議を帝国の支柱とし統治業務へ参加させようと考えていた。すでに一三世紀後半のルードルフ一世は自己の選挙に際して選挙者の同意なしにはいかなる帝国財産も質入しないことを約束せねばならなかったし、選挙者たちは厳密な「同意副書」によって認証していた。

一三五六年、「金印勅書」が定めた毎年の選帝侯と皇帝の会議は目標にとどまった。彼らの領国君主的利己主義が充たされるのは、ほとんどの帝国諸特権が自分たちの所有となり、王権の実質が完全に汲み尽くされた時だった。一例をあげると、ケルン選帝侯国の一四二二年の総収入四万八九八六グルデンのうち、七〇％が国王大権（裁判手数料、関税徴収権、貨幣鋳造権、市場開設権）から、一九％が領地から、一％が世俗的特権（レガリア）から、一〇％が諸担保からの収入だった。彼らは皇帝が息子を「ローマ人の王」（＝帝位継承者）へ選挙する際に皇帝と「選挙協約」を結び、新たな領地や特権を受領して自己の利益を拡充した。ルクセンブルク家の断絶（一四三七年）以後はハプスブルク家だけがドイツ王位に就く。

一四五七年、イタリア人枢機卿エネア・シルヴィオ・デ・ピッコローミニ（一四〇五～六四、後の教皇ピウス二世　在位一四五八～六四）は、マインツ大司教の書記局長である友人マルティン・マイアから一通の手紙を受け取る。マイアはドイツが教皇の課税により搾取され続けている状況を記していた。枢機卿は先立つ四半世紀間に数多くドイツを旅し、実際に数年暮らしたことがあった。彼は著作の中で返答し、多数のドイツ都市の富裕を指摘し、「都市も諸侯たちもいずれもが、皇帝に対して果たすべき事を尽くしていない」。「一人の君主ではなく多数の支配者たちのいるこのような状況に介入する事がいかに必要不可欠な事であろうか」と反論し、ドイツ教会の苦難の真の源は諸勢力の「贅沢と野心」と診断した。

「金印勅書」で選挙侯への特権授与と並んで特に注目されるのが都市への制限だった。シュタウフェン時代以来領国支配者たちからは、都市の自由特権は身分的＝レーン法的に刻印された帝国国制ならびに彼ら自身の領国君主権の貫徹にとってますます危険なものと考えられた。都市同盟の結成、同業組合の創立、「市外市民」（都市壁の外部に居住し都市政府に服従し、都市の自由を享受しうる有産者）を禁止することにより、皇帝は広く貴族身分階級の利害を尊重した。もちろんニュルンベルク、フランクフルト、プラハなどの諸都市の財政力の有る大市民層とは協力した。カール四世が指導的ハンザ都市リューベックを訪問し（一三七五年）、同市の市参事会員たちに貴族のみに留保されていた「～殿（Herr）」という呼び掛けで処遇したことは、彼が諸都市の重要性を認識していたことを示すが、彼には諸都市の経済的な潜在力を国王権力の強化のために投入する術がなかった。

国王・皇帝は自己が直接の都市君主である帝国諸都市に対して、優遇・課税・質入の交錯という矛盾した政策しか採れなかった。質入がこれら諸都市の周辺領国への永続的編入に通ずる事も稀ではなかった。まさに帝国諸都市こそが皇帝観念を忠実に信奉していたのだが。例えば皇帝の周りを選挙侯たちが忠誠を誓いつつ回るニュルンベルクのフラウエン教会にある芸術時計や、アウクスブルク、フランクフルト、ゴスラー等の帝国諸都市の市庁舎の芸術的装飾などが、都市の自由の防御と経済的利害への支持とを期待した諸都市と帝国との結びつき志向を証明している。

ルクセンブルク朝・ハプスブルク朝

皇帝カール四世（在位一三四六〜七八）は中世末期の最重要なドイツの支配者である。高度の教養人で多言語を操る現実政治家の彼は、騎士的宮廷的文化と市民的企業家精神とを一身に体現した人物であり、一三五六年の「金印勅書」によって、選帝諸侯及びその領国の特別な地位を保証し、帝国の連邦的構成を認めた。一二三二年のフリードリヒ二世の「諸侯の利益のための取り決め」と同様、「金印勅書」も都市と市民に厳しい内容であり、都市同盟や宣誓盟約を禁じた。「市外市民」は禁止された。

経済と社会の発展はこうした反動的な立法と国制を超えて進んだ。カール四世はドイツ西部で諸侯所領の分裂を促進し、平和令団体（ラントフリーデ同盟）の中で自らの裁定者の役割を維持しようとした。逆にドイツ東部で彼はボヘミアを自己の権力の中核地域へと発展させ、バイエルン、フランケン、シュレジェン、ラウジッツ、ブランデンブルクへ向けても拡大しようとした。壮麗な建築で飾るプラハが首都となった。一三六五年ドイツ王として最後のアルル（ブルグント）国王に戴冠した。幽囚中のアヴィニョン教皇権のフランス王権からの解放を助け、一三六七年教皇ウルバヌス五世はローマに帰還できた。

カール四世の息子のジギスムント（在位一四一〇～三七）は、全体公会議（一四一四～一八年）をコンスタンツに召集することによりヨーロッパにおける高い道徳的威信を獲得した。同公会議では、シスマ（教会分裂）の除去、フスなどの異端の処断、公会議主義の貫徹といった措置が、諸「公会議国民」（natio）を基盤に決定されていった。

彼は一人娘をオーストリア大公アルブレヒト五世と結婚させ、ハプスブルク王朝への道を拓く一方、一四一五年、ニュルンベルク城伯でシュヴァーベン貴族家門のホーエンツォレルン家をブランデンブルク辺境伯に任じ、後のプロイセン王国に連なる発展を促進した。一四三三年にローマで皇帝戴冠を行った彼はハンガリー遠征途次の一四三七年に没した。

かくしてハプスブルク家門が中欧の支配者の地位に登場した。それとともにドイツとヨーロッパの内外の形式が変化することとなった。今や同時代人たちも帝国が多数の諸侯支配の寄せ集めに他ならないことを認識した。諸侯は国王に対抗する一方、自らの領国内では弱小の諸身分、帝国都市、騎士

図 16　コンスタンツにおけるフスの焚殺刑

ディーボルト・シリング（父）の『Spiezer Chronik』（1473 年）の挿絵　ベルン市図書館蔵

ヤン・フス（フシネッツのヤン：1371 頃〜 1415）はボヘミア南部出身の宗教改革者。プラハ大学に学び，1402 〜 03 年に同大学総長。イギリスのウィクリフ（1330 頃〜 84）の影響が及んでいたボヘミアで，約 100 年後のルターと同様に贖宥状の販売を非難し，ローマ教会の改革を強く説いた。教皇による破門を経て，コンスタンツ公会議で自説を述べようとした。道中の安全を皇帝ジギスムントは保障したにもかかわらず，公会議では彼の教義，ウィクリフ信奉，教皇批判のゆえに異端有罪判決を受け，火刑に処された。ボヘミアのフス派はこれに対して蜂起し，チェコ人の国民的・宗教的高揚を伴った社会的危機を引き起こす。長期にわたる「フス戦争」（1419 〜 36 年）がボヘミアだけでなく，ドイツ東部地域に大きな惨禍をもたらした層に対して自己の勢力を貫徹した。ハプスブルク家のフリードリヒ三世（在位一四四〇〜九三）の治世開始後、改革は国内平和を第一に目指したが、一四四二年の「皇帝フリードリヒの改革」は、帝国直属者相互間の権利闘争を調停し、貴族領主と都市間の訴訟を規制するためのカール四世以来のラント平和の試みを放棄した。

帝国改革への期待

「皇帝」は一二世紀以後「ローマ人の皇帝かつ「常なるアウグストゥス」」（imperator Romanorum et semper augustus）と表記され、ルードルフ一世以来ドイツ語では常なる「帝国の拡張者」（Mehrer des Reichs）と表記された。中央的国家権力の残余の代表者たる皇帝と、主権国家を志向する身分的利害グループを表す集合概念としての「帝国」とが互いに対立していた。しかも、多くの点で帝国における諸状況の似姿を示す領国の内部的諸関係によって、事態はますます困難となった。

一五〇〇年頃、神聖ローマ帝国の政治地図は複雑な色彩を呈する。七つの選帝侯国、二五の世俗大公領、九〇の教会諸侯領、一〇〇以上の伯領、無数の小さな貴族の所領や小都市が存在した。ハプスブルク家の皇帝の力は主に、自らも複数の王国や諸侯領を所有することに依拠するものであった。皇帝と帝国はなお一体と言えただろうか。「帝国」はますます皇帝とではなく、帝国諸身分と同一視されるようになった。すなわち選帝諸侯や他の帝国諸侯、高位聖職者（教会諸侯）、帝国騎士などの独立領主と貴族たち、そして帝国都市である。

しかしそれでもなお、帝国改革は一五世紀以降のドイツ史の主題であり、教会と帝国の改革（「頭と肢体の改革」）が志向された。大小のフェーデ（戦闘を伴う自力救済）の横行は帝国を不安にした。ハプスブルク家が行った東方境界や西部ドイツでの戦いも結果として地方的戦争を生起させた。一四七一年のレーゲンスブルク帝国議会は「キリストの日」としてフェーデを禁止し、トルコに対する全面的な戦いを準備したが益がなかった。国内平和と「ドイツ国民の神聖ローマ帝国」の改革のための理論と実践的な試みは、数多かった。

ニコラウス・クザーヌス（一四〇一～六四、四八年以来枢機卿）は中世の最重要なドイツ人学者であり、『カトリック調和論』（一四三三／三四年）を公表し、教会と帝国の並行した改革提案と全般的な和合を論じた。曰く「不和は恒常的無秩序と関連し、「死の病」が帝国に降り懸かり帝国を脅かしている」。「人は帝国をドイツの中に求めるであろうが、そこには見出さないだろう。外国人が我々の領域をまんまと占取し相互に分割している。かくして我々は他国民の一つに従属することとなろう」。しかし改革は「既に良く知られ、実証済みの旧来のやり方で」のみ実現され得るから、「毎年帝国議会が召集されねばならない。そこでとりわけ有力な聖俗の帝国諸侯が皇帝と会い、相談をすべきである」と。

ここで一四三九年にバーゼル公会議の無名の参加者によって著され、かなり広まった文書が想起される。これは『皇帝ジギスムントの改革』（Reformatio Sigismundi）の表題の下、改革に好意的なルクセンブルク家と結びついているが、これも教会改革と帝国改革を結びつけている。両者は実際に関連し、教会の没落は帝国における秩序の回復を困難にするのである。この文書の掲げる改革要求は、一五世紀末にかけて長短合わせて多種類の写本が作成され流布する過程で主張内容がますます先鋭化（急進化）する傾向を示している。諸侯と共に「小臣民」（＝都市民・民衆）も改革、平和、正義を要求した。改革提案は帝国議会記録文書からも都市年代記からも読み取れる。いわゆる「フリードリヒ三世の改革」と言われる一四四二年の「帝国平和令」においては、農民と葡萄園主が、聖職者、病人と並んで、そして巡礼、商人、車力がはっきりと保護の対象として名指しされた。

帝国議会は定期的ではなかったが開催された。例えばトリーア大司教ヤコブは一四五五年のヴィーナー・ノイシュタットの帝国議会で改革綱領を提案した。「裁判と正義が保たれていない」「恣意が支配している」「水上陸上通行路が危険である」「商工業の後退」。「失われた領国と臣民の回復」も求められた。こうした苦情は偶然ではなかった。対外政策をも帝国改革の緊急課題として挙げたのは、それがトルコに対抗する効果的な防衛の前提だからである。実際、あらゆる身分が帝国議会に苦情とともに改革提案を行った。

マクシミリアンの帝国改革

皇帝マクシミリアン一世（在位一四九三〜一五一九）の時代、マインツ大司教ベルトルト・フォン・ヘンネベルク（在位一四八四〜一五〇四）が、皇帝の王朝的活動と領域諸権力の地域主義を等しく帝国利害に従属させる唱導者となった。最初の成果は帝国議会の再編に表れた。一四八九年以後、帝国議会は三つの部会（評議会　選帝侯／諸侯／都市）に分けられた。しかし帝国騎士身分は農民と同様に排除されたままであり、三評議会は別々に秘密に皇帝からの提案を審議した。票決に際しては多数決原理が貫徹した。その場合、「個別投票」は選帝侯以外には帝国諸侯だけの権利とされ、都市の投票権の是非はウェストファリア（ヴェストファーレン）平和条約（一六四八年）に至るまで議論が戦わされた。

一四九五年のヴォルムス帝国議会で、自力救済が「永久国内平和令」の中で禁止されたことにより、帝国における永続的な法秩序の基礎が置かれた。これを保障するため、独立した帝国官庁として帝国最高法院が創設された。同法院は所在地が最初フランクフルト、次いで一五二七年にシュパイアーに移り、一六九三年には後にゲーテも若き日に修業するヴェッツラーへと更に移転した。皇帝が任命した貴族身分の最高法院裁判官と諸身分の代表の陪席官の給与支給のため、臣民から皇帝に支払われる帝国課税（「一般租税〈ゲマイネ・プフェニヒ〉」）の徴収が決定された。しかしこれは散発的に課税され臣民の首枷になった。

これに比べて平和維持のため帝国の一〇個のクライス〔管区〕フランケン、バイエルン、オーストリア、シュヴァーベン、オーバーライン、ブルグント、クールライン、ヴェストファーレン、ニーダーザクセン、オーバーザクセン）への分割は一定の成果を挙げた。クライス制度は特別な機構形態を獲得し、続く時代に帝国の防衛体制の基礎となり、国制的には何ら明確な組織ではなかったが、以後三世紀もの間一定の存在意味を持ち続けた。

一四九五年のヴォルムス帝国議会はその後の帝国の輪郭を確定した。特に帝国元首と帝国諸身分との関係について、国王は封建主君としての権力と立法権及び統治権は確保したが、裁判権と執行権は「帝国」（＝帝国諸身分）の手に完全に移った。彼らは利害共同体的団結（＝同盟）という方法で帝国改革の地方的展開を図った。例えばシュヴァーベン同盟（一四八八〜一五三四年）である。シュヴァーベンの帝国諸身分が国内平和の維持のためにつくり、後にはプファルツ、マインツ、トリーアの選帝侯、ヘッセン、バイエルン、及び南ドイツの諸身分の大部分が加入した。諸侯・都市・騎士の代表者からなる同盟会議が指導したが、マクシミリアンの時代にはハプスブルク家の政策の有力な支持勢力になった。一方、ハプスブルク朝の統治はますます世襲領中心のものになっていった。帝国は形式的には封建国家として継続していたが、実際的な力を失っていった。

中世後期のドイツ史は変動と不確実性を主要な特徴とする歴史だった。諸要素が相互に混合し、古中世、早期中世、盛期中世的要素が社会的、法的、国家的、精神的なあらゆる生活局面において維持された。一三世紀以来、現実よりは要望、実践よりは理論が優位を占めた。改革への叫びは鳴り響いたが、終局はドイツ史の次の時代に譲られた。ドイツの人口は一四世紀半ばのペスト流行による減少傾向を一五世紀後半の増加傾向が上回り、一六世紀初めには一六〇〇万人に達したと推定される。中央権力が弱体で権力の寄木細工の帝国は存続の危機を迎えた。一六世紀には神聖ローマ帝国は明らかに諸侯や教会が支配する領邦に帝国自由都市や中小領主の城郭が点在するという政治地図となっていた。それを明示するのが、一応の宗教平和を確定した一五五五年のアウクスブルク宗教和議である。

2　「ドイツはもはや国家ではない」　三十年戦争後の「ドイツ帝国」

一五一七年のルターに始まる宗教改革は、領邦国家の独立の過程と各地方の宗教的な自立の過程とが結びつき、歴史的な波を産み出してゆく。一五五五年のアウクスブルク宗教和議は、カトリックとルター派の既成の勢力地図を固定化することで帝国内の政治的動乱を終わらせようとするものだったが、「宗教の自由」は個人レベルのものではなく領邦レベルでの自由だった（「当該領域を支配する者にその地の宗教は属する」Cuius regio, eius religio.）。その結果、政治的分裂の中にあってもまとまりを保っ

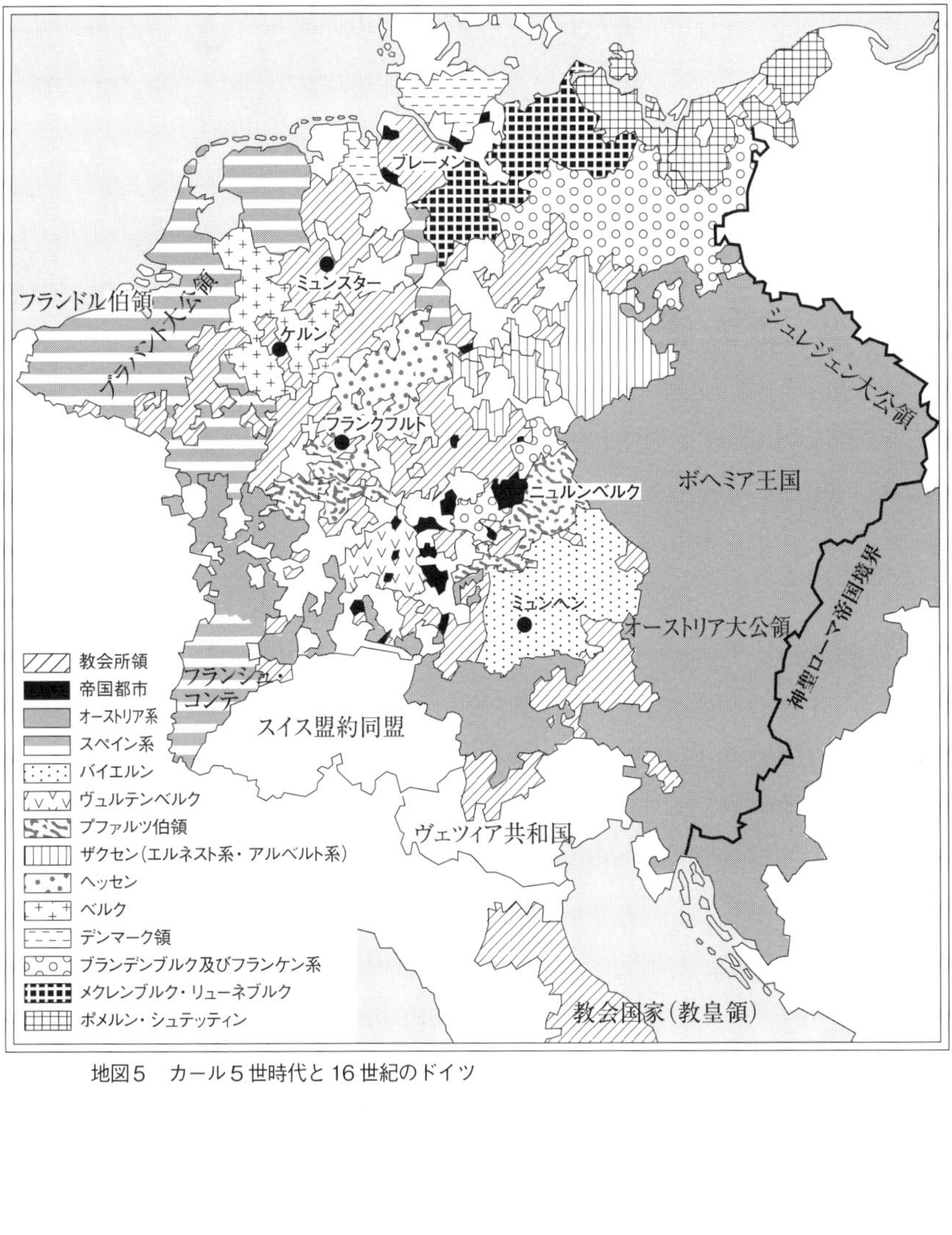

地図5　カール5世時代と16世紀のドイツ

ていた中世末期ドイツの文化的統一性を破壊し、その後のドイツ政治における領邦主権の構図を決定づけた。いずれにせよ、ドイツでは、領邦レベルでの国家建設の進展と信条主義が広がる過程の間に密接な関係があった。信条主義は一五五五年以降、一世紀にわたり政治的、軍事的衝突を引き起こす最大の要因となるが、一六四八年以降は、宗教対立が大きな政治的衝突を引き起こす要因ではなくなった。次の一世紀間に、帝国の構成単位としての領国（Territorium）から領邦国家（Land）への発展が進むのである。

近世・近代のドイツ帝国国制については、次の画期がある。①一四九五年（永久国内平和令、帝室裁判所設置、帝国クライス〈管区〉区画の設定）、②一五五五年（アウクスブルクの宗教和議）、③一六四八年（ウェストファリア平和条約）、④一八〇三年（帝国代表者会議主要決議）である。国制法の上では、新たに選挙された皇帝から帝国諸身分が奪い取った折々の選挙協約も重要な意味を持っていた。

ヘーゲル「ドイツはもはや国家ではない！」

三十年戦争（一六一八～四八年）でドイツの行政機構は領邦ごとに分断された。神聖ローマ帝国は分権的性格を一層強め、事実上帝国は死亡したに等しかった。戦争がドイツの社会と経済に与えた衝撃は強く、ドイツはこれ以後のヨーロッパ経済の脇役となる。戦後の経済と社会の混乱は、その後の一世紀間に、領邦君主が領内の貴族や都市を犠牲にして権力強化するための基礎的条件を整えさせた。絶対主義時代のドイツはヨーロッパ全体から見ると、中小規模の公国、その君主・宮廷貴族・官僚が動かす領邦絶対主義である。

若き日に政論家になろうと願望した哲学者ヘーゲル（一七七〇～一八三一）にとって、一六四八年のウェストファリア（ヴェストファーレン）平和条約は、ドイツが「もはや国家ではない」ことを明示したものである。彼の著作（『ドイツ憲法論』一七九八～一八〇二年）からドイツ帝国を考察してみよう。彼は近代のドイツ帝国の分裂状況を前提として、帝国消滅直前の時期に観念国家たる「帝国」と現実の「ドイツ的自由」の交錯を論じている。

ヘーゲルが言うには、「ドイツはもはや国家ではない」。近時の国法学者たちは、ドイツの国家には帝国（Reich）あるいは「国家団体」という名目以上のものを与えることはできないと信ずるに至っている。「フランス共和国との戦争において、ドイツはもはや国家ではないことを自ら経験し、戦争そのものにおいて、また戦争を終結させた講和に際して自分の政治的実情を自覚するようになった」と。

国家とは、普遍的な中心点、統合している中心点、必要な権力を備えた中心点をもつべきである。しかるに国法によってヘーゲルの言う「帝国の個々の議員」即ち帝国諸身分には殆ど完全な独立性が確保されている。ドイツという国家的建築物は、個々の部分が全体から剝奪した諸権利の総計以外の

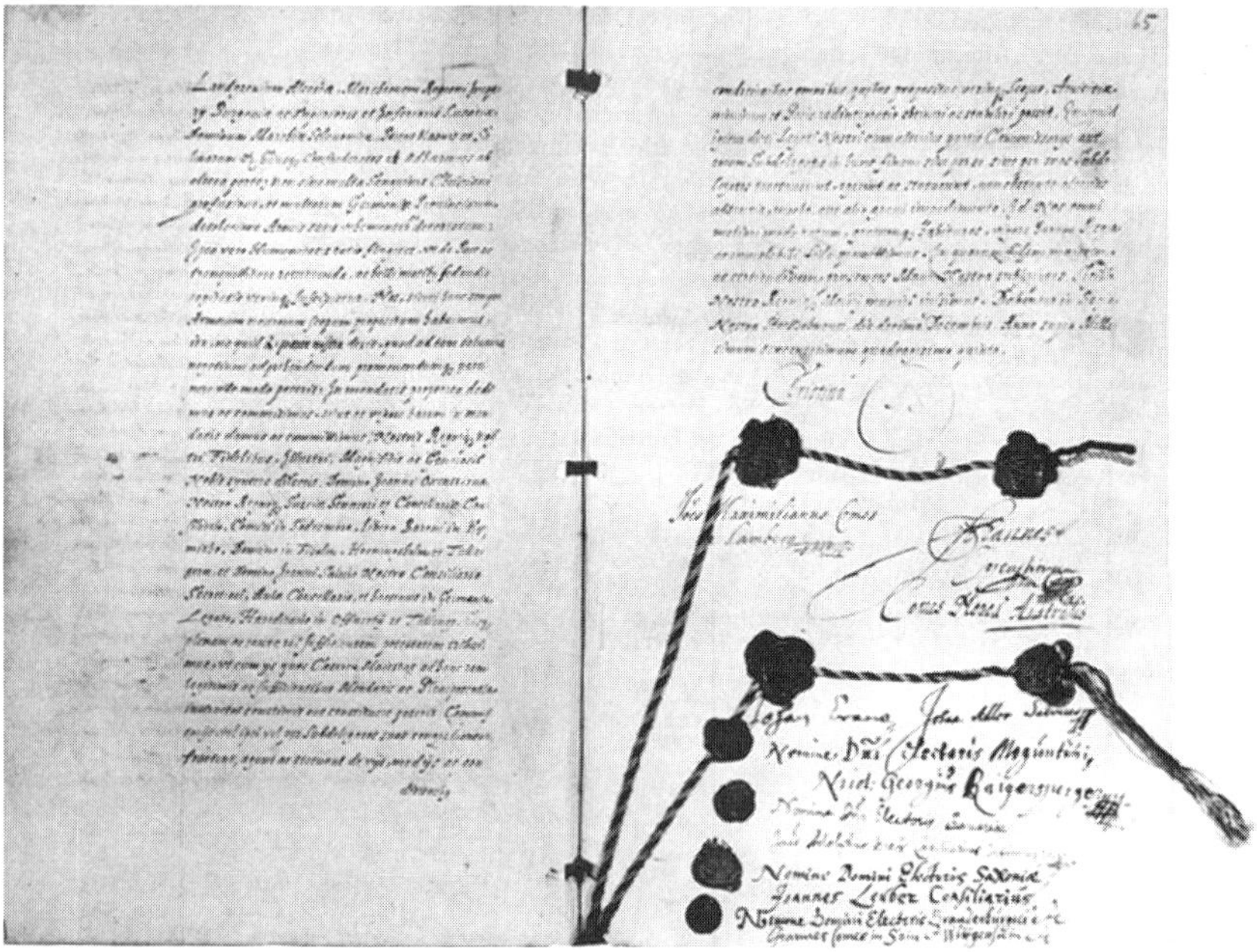

図17 「ウェストファリア和約」の「オスナブリュック条約」
「ウェストファリア和約」は，1648年5月15日に「ミュンスター条約」が主にスウェーデンとの間に結ばれた。続く1648年10月24日に「オスナブリュック条約」が主にフランスとの間で結ばれた。この図は「オスナブリュック条約」で，1649年バイエルン選挙侯マクシミリアン1世宛てに発出された文書。皇帝，スウェーデン使節，マインツ使節の印章付き　ミュンヘン，国立公文書館蔵
「ウェストファリア和約」の結果，宗教に関する決定では，アウクスブルクの和議が再確認（カルヴァン派も含む）され，国政上の決定では，皇帝権の行使は帝国議会の同意を必要とする，帝国諸邦は皇帝と帝国に敵対しない限り同盟締結権を保持してほぼ完全な主権を得る，政治的決定では，フランス及びスウェーデンは帝国内に領土を拡大し，スイスとオランダの独立が承認された。かくしてドイツでは帝国諸邦の「自由」が皇帝の中央権力に勝利し，帝国は諸邦連合となった（ヘーゲルの言う「ドイツはもはや国家ではない」）

ものではなく、そうして「国家」には何の権力も残らないように用心深く監視するところの「正義」なるものがドイツ憲法の本質なのだった。

　ドイツは「合法的な無政府状態」であり、もはや統一的全体的な国家ではなくして、各自独立的な、そうして本質的には「主権を備えた諸国家の群」であると見られなくてはならぬという見解に一致しているにもかかわらず、人々はドイツは帝国であり国家的団体であるとか、共同の「帝国元首」のもとに立つとか、「帝国連邦」をなすとか言っている。ドイツをもってもう「国家」とは呼ぶことはできないが、そうかといって、ドイツをもって「国家」でないとすべきでもないので、彼らは「帝国」という称号を概念として差し出すことによってつじつまを合わせる。「ドイツ人は幾百年の久しきにわたってこのような普遍的な表現によって統合の外観を装い、自らを欺いてきた」のである。

ウェストファリア平和条約はドイツ帝国の解体を決定したものである！

　ヘーゲルにおいて、ウェストファリアの和約はドイツ帝国の解体を決定したものだった（『ドイツ憲法論』）。たしかに国法学者たちは、まだ「神聖ローマ・ドイツ帝国」がハンガリー、ポーランド、プロイセン、ナポリなどに対して持つ要求権をとうとうと解説しているが、およそこのような権利が政治的に無意味であることについては、それがドイツ帝国そのものよりはむしろ「クリ《（ママ）》スト教徒の元首」にして「世界の主人」であるところの「ローマ皇帝」に関するものであること、そして「ローマ皇帝」と「ゲルマニアにおける王」とは、すでに称号が示しているように、本質的に別なものであることに目が注がれるべきである。

ドイツ帝国に本質的に属し帝国議員の資格を持ち、これを行使していた諸地方に関しては、帝国の殆どすべての戦争はそれらの喪失をもって終わった。喪失の仕方はヘーゲルによると二種類である。「ドイツの諸地方が外国主権の下に正式に隷属し、帝国に対するあらゆる権利と義務とから完全に解放された場合がその一つだが、このほかに、非常に多くの地方が法的かつ外観上は皇帝及び帝国と従前と全く同じ関係に止まっていたにしても、それらが仰ぐに至った諸侯が帝国の成員となった（外国君主が帝国内に領国を有する例は以前にもあったが）と同時に、独立国家の君主である場合もまた、「ドイツ」国家にとっては領国の喪失と見なされなくてはならない」。

「一般にウェストファリアの和約なるものは、当時ひとが「ドイツ的自由」と呼んだところのもの、すなわち帝国を独立した諸国家に解体するという原理を定着させたもの、また当時まだ多数であった独立国家の数を減少させ、比較的強大な国家への併合により分離を強化し、外国勢力に国内問題に合法的に容喙する権利を許容したもの、しかも一方では外国勢力に帝国の領土を割譲することによって、他方で憲法の保証者とすることによって合法的に容喙する権利を与えたものである」。

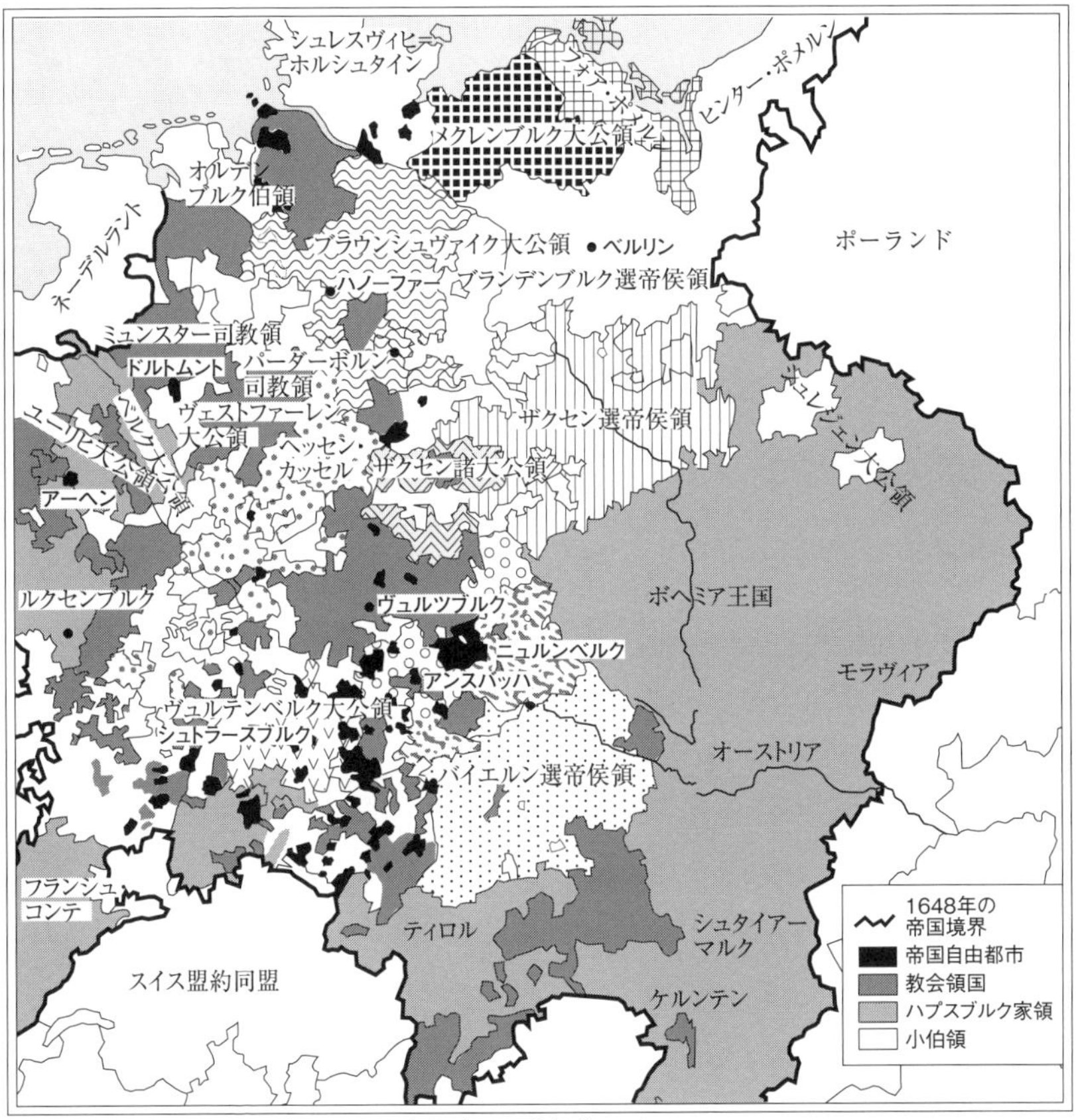

地図6　ウェストファリア平和条約（1648年）後のドイツ

ドイツ帝国が帝国として行うものは、決して全体の統一ある行動ではなく、あるいは大きい、あるいは小さい範囲の「集合」の行動である。それにもかかわらず、ドイツがなお一つの国家たるべきだという要求は存在する。この精神的態度が幾世紀以来ドイツをして、統一国家たることを不可能ならしめようとする意志と、国家であろうとする意思との間をさまよわせ、一連の不斉合のうちに投げ込み、諸議員が全体のもとへのどんな種類の服属にも反抗しながら、それでいて服属することなしには存立し得ないというジレンマにおとしいれ、かくしてドイツを不幸でおしつぶしたのである。

以上のように、第一には宗教が分裂し文化が発展したこと、第二にはドイツが外的な国家紐帯の力よりは内的な性格の力によって結合されていたこと、第三には個々の議員が過大なる権力を持つのを阻止する国家原理の欠けていたこと、これらの事柄がドイツにはもういかなる国家権力も残らないようにして、ドイツ国家を解体させたのである。ドイツは多数の独立国家に分解しつつある。かくしてヘーゲルをはじめ当時の知識人にとって、ウェストファリア条約において可視的決定的に帝国は解体していた。以上が結論である。

三十年戦争後の帝国国制

一六一八年頃一八〇〇万前後と推定されるドイツの人口は、三十年戦争により、戦禍の大きな地方では人口の三分の二以上が失われた地域もあり、また、相当数の人々が国内を移動し、人口分布に大きな変化をもたらした。都市の人口減少率二五〜三〇％に対し、農村では四五〜五〇％が失われたと推定される。いずれの面でも三十年戦争はドイツ史の一大分水嶺であった。一六〇〇年以降に生まれたドイツ人の中で、戦争による破壊を経験しなかった者はほとんどいなかっただろうと言われるが、ドイツの人口が一六一八年以前の水準へ回復するまで、一六四八年以後約一世紀を必要としたとも言われる。

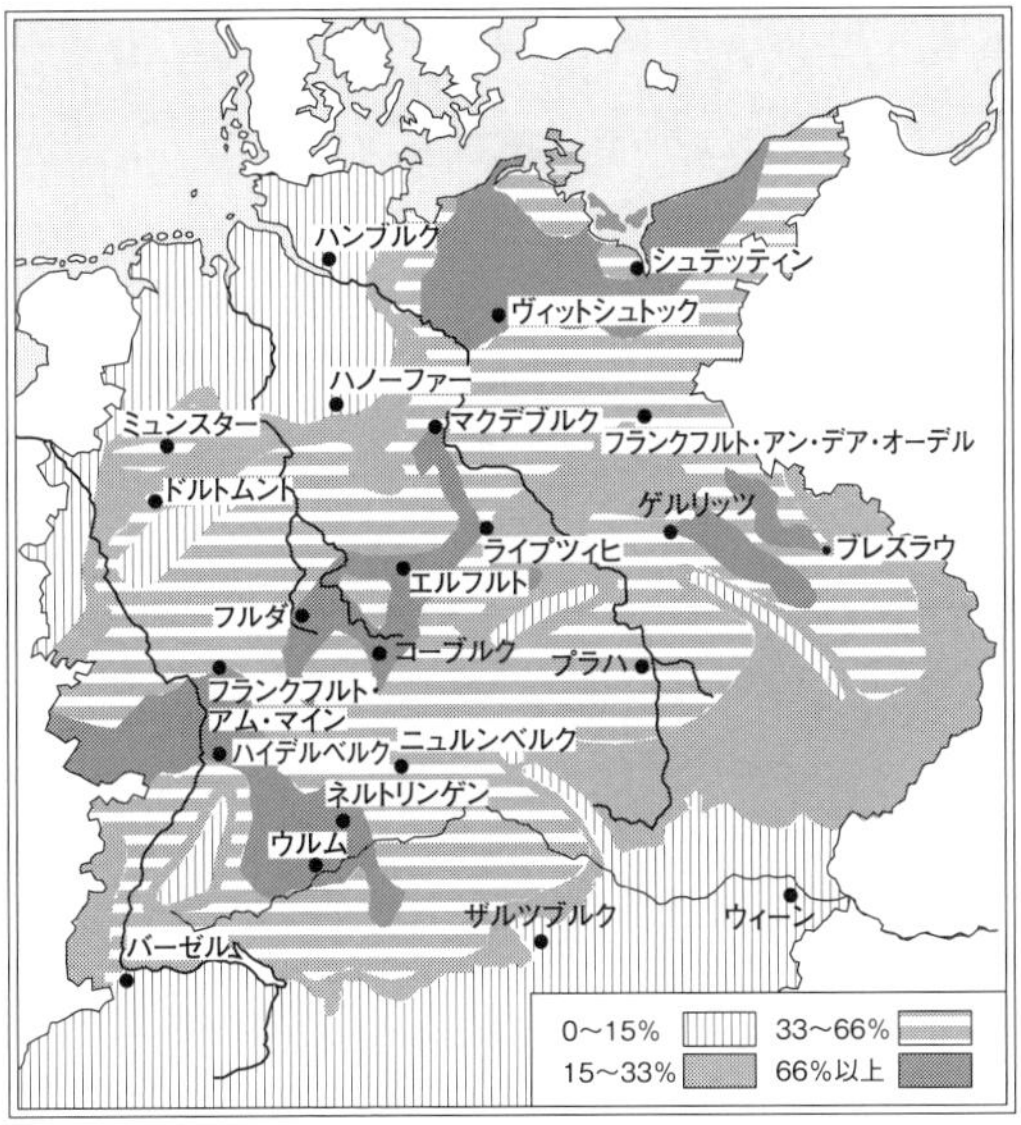

地図７　三十年戦争中のドイツの人口減

ウェストファリア平和条約は一六五四年の最後の「帝国最終決定」に取り入れられ、最後の「帝国基本法」となった。この平和条約は、帝国諸身分に対して「完全な領邦主権」を承認している。皇帝はドイツ人民ではなく、もっぱら帝国諸身分との関係維持に努めた。帝国諸身分の「自由」は、諸外国との同盟締結権をも含んでいた。この権利は皇帝と帝国との不利益には行使され

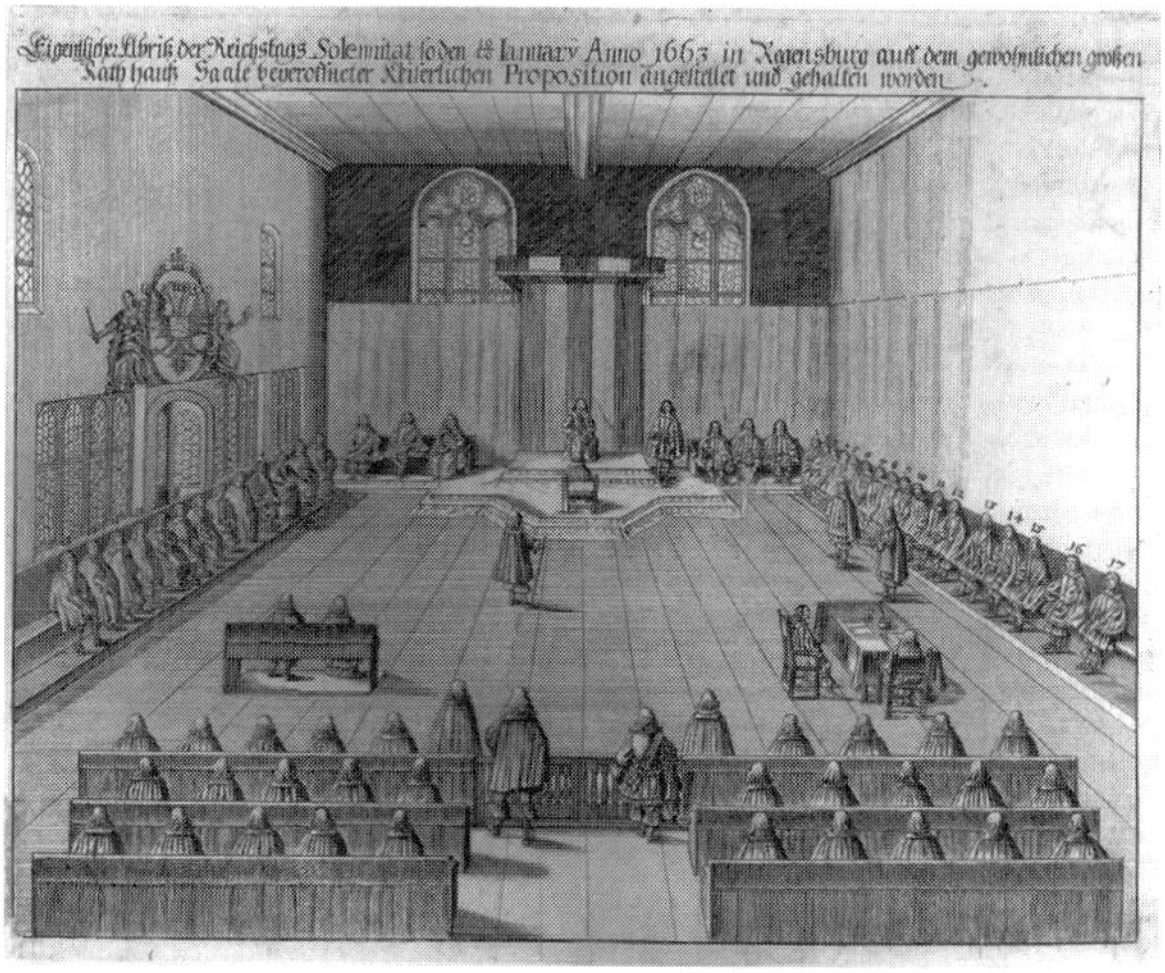

図 18　永久帝国議会
レーゲンスブルクにて 1663 年に永久開催を宣言した。画は 1675 年のもの

てはならないとされていたが遵守されなかった。帝国理念はまだ臣民の胸中に生きていたし、帝国はまだヨーロッパ政治の一要素であり、フランス人とトルコ人とに対する両面戦争においても帝国は決して不名誉な戦いをしてはいない。

「金印勅書」が規定した選帝侯会議も、一六世紀初めに作られた短命な帝国統治院も共に失敗したが、帝国議会の地位は強化した。帝国議会は、立法にも政治にも他を圧して最も重要な機関であった。しかし帝国議会自体がかなり明確な形式を獲得したのは、やっと一五世紀の終わりになってからである。帝国議会の主要な部会（評議会）とは、選帝侯会議と諸侯会議である。前者は七票。後には選帝侯の数が増して一〇票までの票を持っていた。後者は全体で一〇〇票を持っていた。各諸侯がそれぞれ一票だけを持っていたが、一五八二年には諸侯の票が土地その他の権利に固着され、その数が固定され、ラントが分割されても新しい票が生まれることなく、同一人の手中に新たにラントが獲得されてももはや全体の票数が減少することもなくなった。皇帝は一六四一年以後は、新たに任命された諸侯を帝国議会の同意を得てのみ議会に入れることができた。一六四八年以後は、帝国都市が投票権を取得しているが、わずか二票しか持たず、両部会決議の後で審議の順番を与えられたのみである。

皇帝だけが選帝侯の同意を得て帝国議会を召集し、審議事項を皇帝の提案という形で提出した。帝国議会の議決は、皇帝の裁可によって初めて法的効力を取得した。しかしながら、皇帝は審議からは排除された。皇帝が帝国議会を召集しない試みは、一六六三年トルコ人侵入の危機によって帝国議会が再び召集されざるを得なくなったとき失敗し、帝国議会が自ら永久会期を宣言した（永久帝国議会）。こうして帝国の二重性格（「皇帝と帝国」）は確固として維持された。帝国は純粋な君主制にも「国家連合」にもならなかった。

近世・近代のドイツ帝国

永久的な国内平和を確保するために一五〇〇年に設定された帝国クライス（管区）は、領邦的分裂の激しかったドイツ西南部地方（シュヴァーベン、フランケン、オーバーライン）においては自治の重要な一要素になった。帝国クライスは規模としては帝国と領邦の間に位置する。一五一二年に一〇個のクライス（Kreis）が形成され、公共秩序、財政、政治、防衛の調整を目的とした。個々のクライスが開催するクライス会議は、それぞれの地域において帝国議会に代わる、もしくは補完する会議として発展した。帝国の小領邦は、帝国クライスへの参加により、帝国政治に一定の影響力を発揮した。クライスが本来の機能を果たすに至ったのは、一五三〇年（対トルコ戦争協力）以降である。一五五五年の帝国執行令はクライスに執行権を付与し、一六八一年の帝国軍事令は、クライスに帝国軍隊の徴募と給養の任務を委ねた。もし大きな諸領邦がその協力を拒まなかったならば、クライス制はそれによって帝国国制の中心の地位を占めることになっていたであろう。

クライス議会に対する皇帝の影響力は、帝国議会に対するよりは小さく、皇帝によるクライス議会の召集は一六四八年以後は行われない。また、その議決は、皇帝による裁可を必要としなかった。しかしながら皇帝はクライス議会に一人の特別委員を送って自分を代表させ、この委員を通じてクライス諸身分に働きかけることができた。レオポルト一世の選挙協約は、一六五八年、クライスに対して自由な集会権を保証している。

ドイツでは三十年戦争後、諸領邦が「国家」として力を強め、帝国に対して優位性が高まった。正

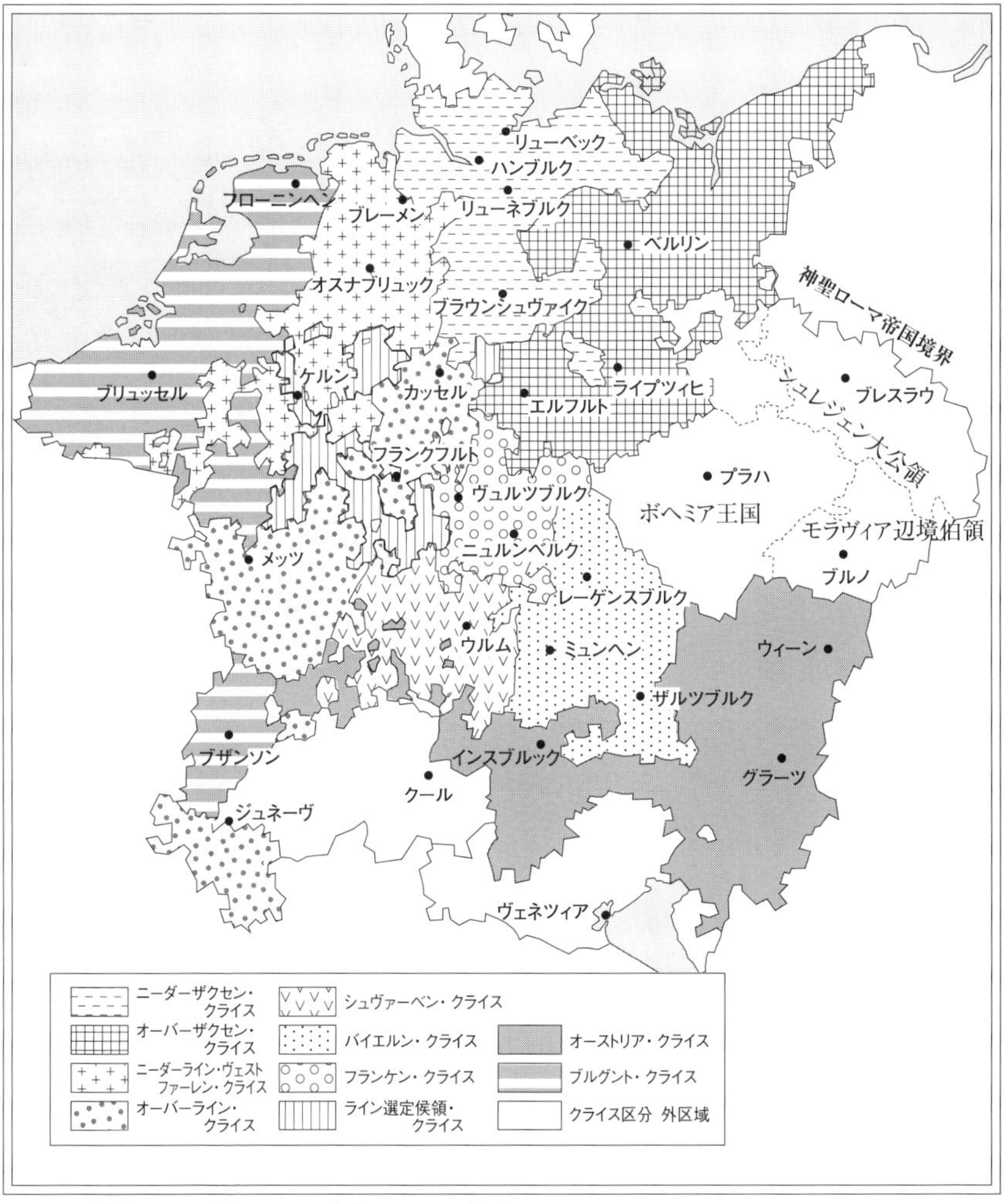

地図８　16世紀における帝国のクライス部分

式にはまだ完全な主権を手にしてはいなかったが、一八〇六年のナポレオンの支配によって帝国が消滅するまでの間、ドイツは、実質的には多数の「主権国家」が並存する政治状況に置かれていた。中央集権化へ向けた手段を持たなかったが、神聖ローマ帝国は法的機能を保ち続け、政治的に中小の領邦の生き残りを消極的ながら可能にした。これらは帝国という枠組みなくしては近隣の大領邦に併呑されていたであろう。帝国は全体として小国分立の状態にあり、ゲーテが言うところの、旅行鞄が国境を越えるたびに開けられようとも、複数の文化的中心を擁する実り豊かな地方文化が展開することとなったのである（エッカーマン『ゲーテとの対話』）。帝国が非中央集権的であった分、領邦段階で比較的高度な中央集権化が促進された。領邦君主は領邦議会や領邦内諸身分、民衆を厳格に治めつつ国家統治をした。独立的封建貴族＝宮廷貴族と、独立的市民＝臣下たる官僚とが領邦絶対主義を支える構造が、ドイツの特徴的な政治風土を形成することとなった。

神聖ローマ帝国の終焉

一七九〇年代初めのドイツには、革命に結びつく要素はほとんど見られず、ドイツ人の大部分は、勃発したフランス革命を最初のうちは興味深く眺めているだけだった。

リュネヴィルの和約（一八〇一年二月）でライン左岸地方がフランスに割譲され、帝国は損害を受けた帝国諸身分に補償する義務を課された。この補償は一八〇三年二月二五日のレーゲンスブルクの「帝国代表者会議主要決議」において、「還俗」（＝教会諸侯国の廃止）と「陪臣化」（＝小国の帝国直属性の喪失・大国への合併）の二原則に基づいて行われた。教会領邦の全部と多数の小世俗領邦が大領邦に併合された結果、帝権は帝国議会において小帝国身分（伯や騎士）という支柱を失った。そして一八〇四年には皇帝フランツ二世が三五〇余の帝国騎士を陪臣化し（帝国直属性の喪失）、「オーストリア皇帝」称号を採用した。

「帝国代表者会議主要決議」は、約六〇の教会諸侯と一〇〇以上の帝国都市に適用されたが、マインツ大司教だった選帝侯大書記長（Kurerzkanzler）ダールベルク（一七七四～一八一七　フランクフルト大公一八一〇～一三）はレーゲンスブルクに拠点を移され、南北ドイツ六つの帝国都市（ハンブルク、ブレーメン、リューベック、フランクフルト・アム・マイン、ニュルンベルク、アウクスブルク）は維持された。帝国諸身分領国の統合が行われたのに加えて、領邦諸身分である修道院所領を没収する権限が領邦に与えられ、この権限は全面的に利用された。「還俗」は、後に教会に対する国家の側からの給付を生み出すが、貴族の地位についても深刻な影響を与えた。貴族はその後は帝国諸侯の地位を獲得する道を封ぜられ、また指導的な教会官職に就任することもできなくなった（彼らに留保されていた約七二〇の司教座聖堂参事会員の地位を失った）。帝国高位聖職者の非封建化は、一九世紀における聖職者の社会

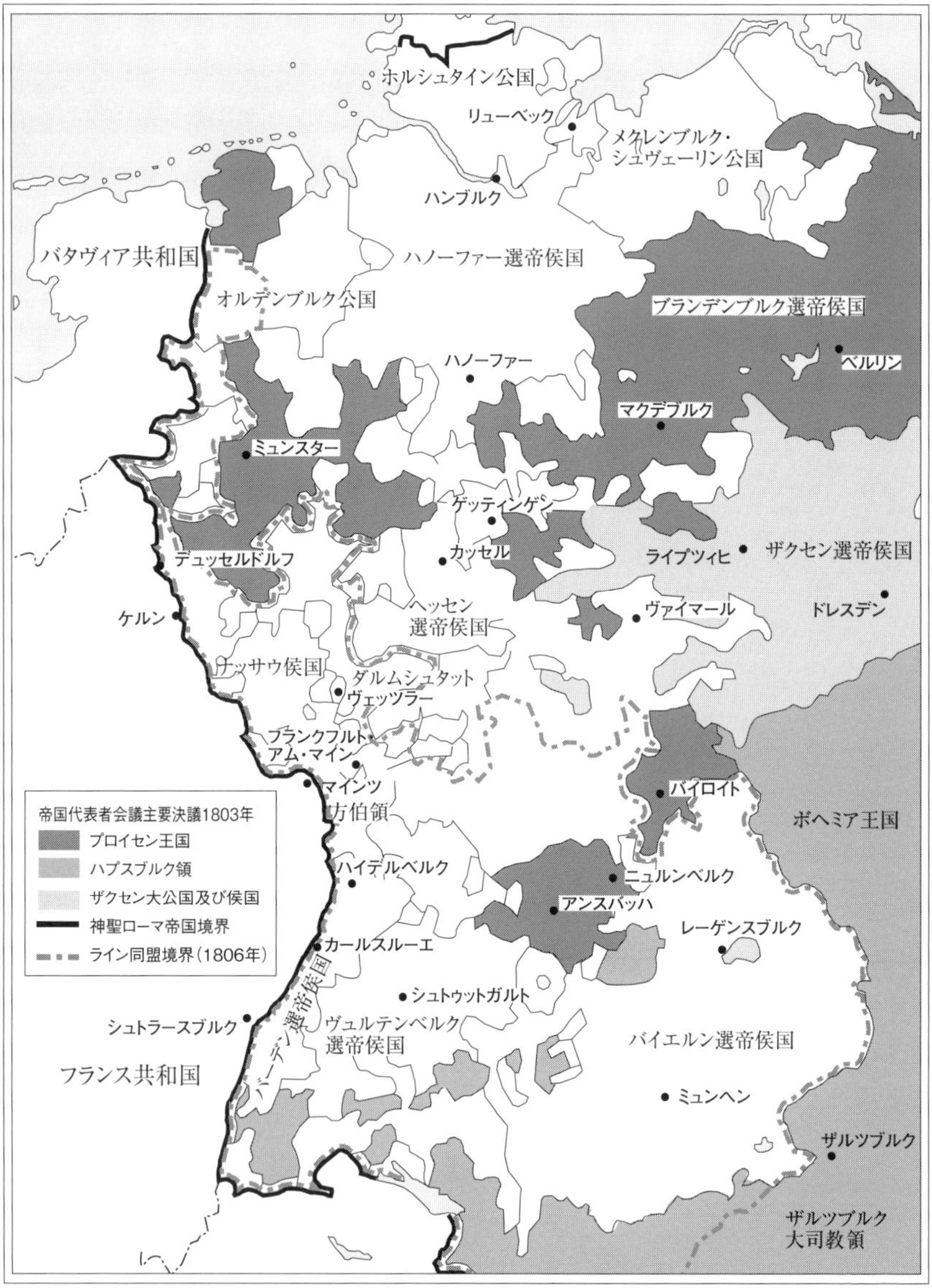

地図９　帝国代表者会議主要決議（1803 年）からライン同盟結成（1806 年）時代のドイツ

的均等化を招来することになった。

ハプスブルク家の領国はその不分割が一七一三年のカール六世の「国事詔書」により家法の形で制定されたが、帝国外の国家であるハンガリー、ガリツィア、ヴェネツィアすら包含する一つの同君連合にすぎなかった。皇帝フランツ二世は、ナポレオンを「フランス人の皇帝」として承認した（一八〇四年五月一八日の宣言）だけでなく、自らを「オーストリア皇帝」と宣言した（一八〇四年八月一〇日）。これによって帝国の皇帝位はその基盤を奪われた。新しい帝位はハプスブルク家の「全体王国」に妥当するもので、「オーストリア帝国」の外にある諸領邦に及ぶものではなく、神聖ローマ帝国国制の破壊が生じた。

一八〇六年七月、一六名のドイツの帝国諸侯たちは、ナポレオンの保護下に「ライン同盟」を締結し、自分たちの主権を救うために帝国から離脱した。（一八〇六年八月）。同盟の結成ではなくて、同盟が帝国に対して絶縁したこと（「ウェストファリア体制」では帝国から脱退する領邦はなかった）が神聖ローマ帝国を破砕した。ライン同盟は諸侯大司教（＝諸侯たる首座大司教）のダールベルクを議長とする同盟議会をフランクフルトに置いた。ナポレオンの最後通牒の圧迫の下に、皇帝フランツ二世は八月六日ドイツ帝冠を放棄し、帝国国制の消滅を宣言した。「ライン同盟」は主権国家間に締結された国際法的団体である。この同盟は、ドイツ国制史上の一段階を画し、旧帝国とウィーン会議後のドイツ連邦の橋渡しをした。「ドイツ連邦」は組織についてはライン同盟条約の原理を踏襲している。

ナポレオン後のドイツの新秩序はウィーン会議で設定された（一八一五年の「ドイツ連邦規約」、一八二〇年に「ウィーン最終規約」により補充）。オーストリアとプロイセンに勢力が分割されている状態に直面して、個別国家間の国際法的関係（諸国家同盟）のみが可能であり、統一国家の創造は不可能だったため、「ドイツ連邦」（Deutsches Bund）が成立した。この結果ウェストファリア体制に代わってウィーン体制がドイツ史を規定する。

神聖ローマ帝国は連邦制的な要素と君主制的な要素の混合であった。一八〇六年のライン同盟と一八一五年のドイツ連邦においては連邦思想が勝利を占めた。帝政は全くの理念に退化した。旧帝国においては、世襲的な俗人諸侯、選挙制の教会諸侯、都市共和国が併存し、更にこれに帝国騎士身分の形で一種の「帝国人民」が加わっていたが、一八一五年のドイツ連邦は旧帝国と違って四つの自由都市を例外とすれば世俗的世襲国の純粋な諸侯同盟であった。

神聖ローマ帝国の消滅と裏腹に、ナポレオンに対する解放戦争は、「国民国家」の思想をドイツ人全体の共有財産にした。ドイツ全体を一国家と見るこの国民意識の勝利はやがて近代ドイツ帝国（ビスマルク帝国）を生み出すことになる。

終わりに　ヘーゲルとランケ――「神聖ローマ帝国」と「ローマ帝国」

神聖ローマ帝国の終焉を経験したヘーゲル、ランケの二人の近代ドイツ人の歴史認識を比較して「終わりに」としたい。両者共にドイツ中世や中世帝国史を「神聖ローマ帝国」だけで語ってはいない。歴史哲学者ヘーゲルの「神聖ローマ帝国」と歴史学者ランケの「ローマ帝国」の言説を比較することで、中世帝国へのドイツ近代人の見方を垣間見ようと思う。それらは、中世末の帝国改革や近世初頭のルターに見られるような「神聖ローマ帝国」「皇帝と帝国」「ドイツ国民の帝国」とはかなり様相の異なる帝国史論と言えよう。

ヘーゲルは、『歴史哲学講義』（一八三七年、第二版一八四〇年、ベルリン大学講義「世界史の哲学」は一八二二〜三一年に五回行われた）で述べる。西洋世界＝ゲルマン国家の三つの時期とは、①第一期はゲルマン民族のローマ帝国内への登場に始まり、キリスト教世界が独自の領域をなし、大衆の生活の中で宗教的なものと世俗的なものが表裏をなす。第一期の終了を画すのがカール大帝である。②第二期は表裏をなす二面がそれぞれに展開を遂げて自立し、対立する時期。教会は独自の神聖政治を、国家は独自の封建君主制を敷く。封建制度と教会国家の対立が特筆すべき二つの出来事である。そしてカール五世治下の時代が、第二期の終わりで第三期の始まりに重なる。世俗の正義に基づいて、共同体精神や法律や誠実さや人間の活動を考えていこうとするようになる。③ゲルマン世界の第三期（＝近代）は宗教改革から現在にまで及ぶ。ここでは自由な精神という原理が世界の合言葉となり、この原理から理性の一般原則が引き出されてくる。

ヘーゲルは説く。カール大帝の時代はペルシア帝国に似ている。ペルシア帝国は、神聖ローマ帝国やナポレオン治下のフランス帝国のような近代的な意味での帝国である。中央政府に従属しつつも独自の個性や理性や法を保持する幾つかの国が寄り集まった国家である。更に共同体の統一が人間の内面的心情を支えとして成り立つ時代で、精神的なものと世俗的なものが無邪気に混じり合っている。ギリシア世界とその観念的統一に対応するのがカール五世の時代であり、国家間の離合集散の中でヨーロッパの均衡が保たれる。精神の内面化がはじまっており、ルターはソクラテスに見合うが、ペリクレスに見合う人物はいない。カール五世にはペリクレスの役割りができなかったのである。第三期はローマ世界に対応する。そこには社会総体を貫く統一が存在するが、皇帝による抽象的な世界支配という形をとる統一ではなく、自覚的な思考の主導権のもとに行われる統一である。

それに対して一九世紀歴史学の父ランケによるドイツ帝国及びローマ帝国理解は次の通りである。「一切の古代史はいわば一つの湖に注ぐ流れとなってローマ史の中に注ぎ、近世史の全体はローマ史の中から再び流れ出ると言える」（『近世史の諸時代』）としたランケにとって、カエサルのガリア征服は偉大な世界史的なものであり、真のローマ帝国を基礎づけた。その著書『ガリア戦記』はヨーロッパ史の根本的原書となる書物で、世界征服と皇帝権の成立一般を象徴する（『ランケ自伝』）。注目すべきことに一八五四年刊行の『近世史の諸時代』（『世界史概観』）で、彼は「神聖ローマ帝国」の呼称を用いない。ローマ史こそ古代と近代を結びつける実体であり、中世のドイツ王が支配したのは「ローマ帝国」で、ドイツ王が行使したのは「ローマ皇帝権」だった。彼はカール・オットー両大帝以来の歴史的連続性の中で、法王権と皇帝権の協調と抗争を軸に中世のローマ的ゲルマン的諸民族の時代を叙述している。

皇帝権とイタリア

皇帝権とイタリアとの関係についてヘーゲルは言う。皇帝はキリスト教国の俗権の長である。ローマ教皇は教権の長だとされるが、今や教権が俗権としての力も持つようになった。理屈の上ではローマ皇帝がキリスト教国の長であり、「世界の所有権（dominium mundi）」を持つ。ローマ帝国所属の全諸侯が主君たる皇帝に応分の物品を貢納すべきだ、というのは筋が通っている。しかし、ローマ皇帝という名ばかりの称号でも、イタリアでその称号を拝受し内外にその威を示すためならば、持てる資力と権力のすべてを賭けても惜しくないものではあった。特にオットー家の皇帝たちは、古代のローマ帝国を継承しようとの思いにとりつかれ、ドイツ諸侯に呼びかけて繰り返しローマへの進撃を試み、諸侯に見放されて屈辱的な退却を余儀なくされることもしばしばであった。

一方ランケによれば、教皇がカール大帝に助力を乞うた（八〇〇年）理由は、東ローマ皇帝から決定的に分離せんと欲していた教皇レオ三世がフランク国王から永続的な庇護を確保したかったが、それにはカール大帝がすでに保有していたパトリキウスの代わりに帝位を授与することが必要と思われた。往年の西ローマ帝国の領域はカール大帝の手中にあり、彼は事実において、すでに西ローマ皇帝だったからである。

にもかかわらず、この帝位の授与は最大の世界的事件の一つであった。なぜならこの時以来、ゲルマンの国王がローマ皇帝として登場する。西欧の大統一が樹立せられた後、そしてローマの国家権力の諸理念がゲルマンの王権に継受せられた後においても、強力なる君主が同時にローマ皇帝となるということで、この要素は一層強くなった。今や、かつてローマ皇帝に属していたあらゆる権限が自己に帰することを、彼（＝ゲルマンの国王）が主張するようになったのはその故だったからである。

ちなみにヘーゲルの中世帝国への評価によると、シュタウフェン家が闘ったイタリアとのもう一つの関係は、独立を勝ち取るに至った教会の俗権を、再び国家の支配下に置こうとする闘いである。ローマ教皇の座も世俗の権力ないし支配力となっていたので、皇帝は教皇の上に立つ者として、教皇を選び教皇を世俗の領主に任命する権利を主張した。皇帝が闘い取ろうとしたのは国家の権利である。が、皇帝が闘い取ろうとした俗権は同時に教権としても存在し、教権は皇帝の上に立つものだった。ドイツ皇帝はイタリアでローマ皇帝の称号を得ようとしたが、一方、イタリアはその政治的中心がドイツにあった。このように両国は互いにつながりあい、どちらも内部に確固たる統一を持つことができなかった。シュタウフェン家の栄光の時代には、フリードリヒ一世バルバロッサのごとき大人物が位に就き、皇帝の権力に見事な輝きを与えるとともに、その人柄によって配下の諸侯を引きつけずにはいなかった。その一方で既に教会は俗権との闘いの中で勝利を得、それによって、ドイツその他の国におけるその支配権は安定したものとなった。

ランケが指摘するように、八四三年のヴェルダン条約で三つの帝国ができたのではなく、三人の兄弟によって一つの帝国が分有せられ、長男（ロタール）が最高の権威を獲得した。ロタールの家系が断絶した後、この遺産（最広義のロートリンゲン及びイタリア）が東西いずれのカロリング朝に属すべきかという問題が生じた。西フランク王シャルル禿頭王は時を移さずイタリアに駆けつけ、法王の支持を受けることとなった。しかるにドイツ側の家系は皇帝権を主張し、シャルル禿頭王をイタリアから追放し、シャルルの孫は八七九年にライン河畔のロートリンゲンの遺産とイタリアとを放棄することとなり（正しくは八八〇年のリブモン条約）、今やそれはドイツに併合せられることになった。後世のドイツ国王たちが常に皇帝の称号をとったのは、このことから由来する。もし西フランク王シャルル禿頭王の企てが実現していたなら、フランス国王たちが皇帝を称していただろうが、ルートヴィヒ「ドイツ人」王の家系が優位を占め、しかもそれが武力だけでなく「条約」によるものであったが故に、帝位はドイツ側にとどまることになったのである。

神聖ローマ帝国について

ヘーゲルによると神聖ローマ帝国のイメージから浮かぶのはドイツとイタリアのつながりである。世俗の支配権が教会の支配権と結合して一つの全体をなすのがこの帝国だからで、しかし現実には、統一が形成されるよりも争いが絶えないのが真相である。ドイツとイタリアでは、封建関係から君主制への移行が封建関係が全面的に排除される形で生じ、封建家臣が独立の君主となった。シュタウフェン家の没落の後、暴力的な群雄割拠の状態が現出した。選挙侯たちは、もっぱら弱小の侯を神聖ローマ皇帝に選出することを原則とし、国家の統一は消滅していた。封建法は喧嘩・略奪を正当化するものとなり、強大な諸侯が領邦君主の地位を確立した。大空位時代の後、ハプスブルク伯が王に選出され、数世代の他家の君主を挟んで、その後はハプスブルク家の皇帝が続いた。ただし、皇帝とはいえ、諸侯は皇帝に国家の支配権を認めたりはしなかった。

中世に至って社会の至るところで不和が生じている時、ローマ教皇はその権威を問題解決に生かそうとしたが、西欧諸地域における国家建設への関心はもはや揺るぎようがなく、自らの絶対的権威をうちたてようとの教皇の利己的な願望が、事態を大きく動かすことはなかった。諸侯や国民は、教皇の新たな十字軍の呼び掛けにもう応えようとはしなかった。皇帝ルートヴィヒ四世は、教皇座の不当行為を非難すべく、アリストテレスや聖書やローマ法からその論拠となる言葉を引き出したし、選挙侯会は、一三三八年のレンゼの会議で、より明確にはフランクフルトの会議で、帝国はその自由と相続権を守ること、神聖ローマ帝国の王ないし皇帝の選出に当たってローマ教皇の認可を必要とはしないことを決議した。

以上のヘーゲルの言説に対し、ランケにおいてはカロリング「中部王国」が大きな法的意味を東フランク王国に与えた。オットー一世がドイツ王権と皇帝権とを結びつけ、ドイツの君主はイタリアに対してカロリング家が持っていたと同じ権利を持った。皇帝権には世界支配の理念が結びついているが故に、皇帝権がドイツに移ったことにはこの上なき重大性があった。このようにランケは、カロリング中部王国の帰属による「ドイツ（東フランク）王国」＝「ドイツ帝国」及び、「ドイツ皇帝」のヨーロッパ大陸における法的な優位を明確に説明している。

前述のゲルマン国家の第三期（＝近代）についてヘーゲルは高くこれを評価するが、逆に中世帝国への評価は低い。曰く「いよいよゲルマン国家の第三期。それは、おのれの自由を知り、絶対の普遍たる永遠の真理を意思する精神の時代である。この第三期が更に三つの時代にわけられる。第一が宗教改革の時代、つまり、中世の終わりに見えてきた朝の光に続く、太陽が全てを照らす時代。次が宗教改革後の社会の発展していく時代で、最後が、前世紀の終わり以降の時代である」。その結末に近づくのが三十年戦争であるが、ヘーゲルは前述の『ドイツ憲法論』と同様で、ウェストファリア条約によって、ドイツの政治体制が確立されたが故に、それはしばしばドイツの守護神と見なされてきたが、実際は、その政治体制たるや、分割領地の個人的な所有権を確定するものにすぎず、そこには、国家の目的について、いかなる思想・観念もうかがわれない。この戦争の結果「それまで世界に例を見ないような「制度化された無政府状態」が現れている」。

つまり、帝国は一つの全体をなす国家であることが確認されているにもかかわらず、諸侯が全体の利害に反して行動すること、あるいは、全体の利害が要求し法律にも定められている事柄を履行せずに独自行動をとることを全面的に認められ保証されている。ウェストファリア条約締結後直ちに、ドイツ帝国の国家としての対外的脆弱さは露呈する。ドイツ帝国の終焉を完全に仕上げることになったこの体制は、主としてリシュリューの手になるものである。フランス革命後のドイツはフランス軍の侵略するところとなったが、国民の力でその圧迫を払いのけた。ドイツの主軸をなすのは人権の法で、それは、言うまでもなく、フランスの圧迫によって以前の政体の欠点が明々白々となったところから生まれたものだ。見せかけの王国は完全に消滅し、幾つかの主権国家が生まれた。封建制度は廃止され、財産と個人の自由が根本原理となったことを彼は強調する。

こうして見てくると、一貫した歴史の流れの全体の中で、中世世界を評価しているヘーゲルとランケであるが、中世帝国史において、実体の転換は早期から進行しているものの、中世末期に「ローマ帝国」が「ドイツ国民の神聖ローマ帝国」へとその呼称が変わったことは、理念におけるまさに重大な転換だったと言えよう。中世前期のドイツ王が支配する帝国（古代ローマ帝国及びそのフランク＝ドイツ的な継承物）は、盛期にはまさに「カロリング帝国のいくらか一面化された継続」（ランケ）である「ドイツ帝国」となり、中世末・近世以降は「ドイツ国民の」という呼称が冠されるヨーロッパの一強国となる。「神聖ローマ帝国」ではなくとも、「中世「ローマ帝国」」がヨーロッパ・キリスト教諸民族複合体であるゲルマン的ラテン的西欧世界における最高の存在であったことは確実である。

さて、社会学者マックス・ヴェーバー（一八六四〜一九二〇）が一八七六年、一二歳のギムナジウム生の時に著した論文がある（「シュタウフェン家」）。近年校訂編訳されている。ヴェーバーの同論文及びその翌年の関連論文（「ドイツ史の経過一般」）に反映されているのは、ヘーゲル流の国家論や、当時彼が受けた歴史の授業、読み物としての歴史文学、ヴェーバー家に集った自由主義の大人たちからの影響であり、ビスマルクによるドイツ帝国の統一後のドイツの多くの国民主義的知識人の精神風土を率直に表現したものである。本書第一章に記した中世皇帝のイタリア政策、カトリック教会との葛藤・対立、強力な領邦国家形成による帝国の国家的統一性の欠如、これら負の要因の力に屈服したローマ皇帝権への憧憬や諸侯優位の中世ドイツ国制への強い批判が読み取れるのである。

しかし、近代ドイツ人の批判的見方にもかかわらず、皇帝ハインリヒ七世夫婦のアルプス越えのイタリア遠征（カバー参照）、后の病死、ローマでの市街戦の渦中での皇帝戴冠及びその後の制覇戦中の彼の病死、という一連の苦難を考えてみよう。帝権衰退期においてもなお、ダンテの熱狂と『帝政論』、マルシリオの『平和の擁護者』に見られる平和仲裁者への願望、『ジギスムントの改革』の「平和皇帝」、「帝国改革」の中で期待された「平和維持者」の存在がその後希求された。その実現可能性を含めて、中世皇帝権の権威と権力は後世の人々の眼差しを引きつけている。

付論　旅する皇帝夫婦

皇帝の「共同者」としての皇后

皇帝権の盛んだったオットー朝、ザリアー朝、シュタウフェン朝前半期では、神聖ローマの皇帝・皇后は夫婦そろって皇帝・皇后戴冠を行った。皇后は皇帝の「共同者」(consors regni)として強い影響力を発揮した。教会政策にも積極的に関与し、裁判権を強力に進めていった皇后も少なくない。皇帝・皇后の「共治」体制である。

この付論では、ザリアー朝とシュタウフェン朝の最盛期のアグネス(一〇二五頃~七七)とベアトリクス(一一四〇/四四~八四)の両皇后、後期皇帝権時代のマルガレーテ(一三〇七/一〇~五六)とバルバラ(一三九〇/九五~一四五一)の具体的な事績を見る。これは、皇帝権力執行の実態を皇后の側から具体的に観察することにもなる。

ところで歴代の神聖ローマ皇后のうち、「摂政」や「代理」を勤めた后たちがいる。オットー大帝の皇后アーデルハイトとオットー二世の皇后テオファーヌは、皇后として共にオットー三世の「摂政」を勤めたし、この付論で語るハインリヒ三世の皇后アグネスは幼少の息子のハインリヒ四世の「摂政」として苦労した。彼女たちが幼い息子の「摂政」を勤めたといっても、「摂政」職が明確にあったわけではない。彼女たちは夫の皇帝戴冠と一緒に、皇后戴冠をしており、称号は「皇后・尊厳女」(imperatrix augusta) である。彼女たちは、「摂政」になる以前にすでに、「帝権の共同者」(consors imperii) であった。この帝国が様々な領国から成り立っていたために夫の皇帝と一緒に巡幸を行い、または夫と別行動の単独巡幸を行い、夫と共に帝国の統治を担った、まさに旅する皇帝夫婦であった。

皇后が「代理」もしくは「総督」として、特定領域を委ねられ単独で行動した場合もある。例えば、バルバロッサの皇后ベアトリクスはブルグント地域の、ハインリヒ六世の皇后コンスタンツェはシチリア王国の、それぞれの「代理」を勤めた。もっとも彼女らはその地域の有力者であったが。

これらの事に関連して、中世貴族の妻の「寡婦資産」についても、知っておきたい。これは寡婦個人の財産であって、夫の死後、妻は夫の管理下を離れて、自分の寡婦資産を自分で管理した。彼女の死後は子供がそれを相続し、子供のない場合は夫の親族が相続した。寡婦が生前、固有財産の一部や相当部分を教会等に寄進したり、修道院・施設教会を新たに建立することも多く、息子や夫の親族との紛争が生じることも少なくなかった。

アグネスとベアトリクス――王朝最盛期の皇后

1　ハインリヒ三世の皇后アグネス――「摂政皇后」と改革教皇権

ブルグントの女主人

アグネス・ド・ポワトゥー（一〇二五頃～七七）はアキテーヌ公兼ポワトゥー伯ギョーム五世の娘で、彼女との結婚が、皇帝となるハインリヒ三世の支配強化に役立った。アグネスの母方の祖父はブルグントの強力な伯であり、ブザンソン大司教をその権力下に従わせ、ソーヌ、ドゥーブ両川地域への当時のブルグント王ルードルフ三世のいかなる影響をも拒んでいた。アグネスとの婚約はブザンソンで、王后戴冠はマインツで、結婚式は一〇四三年一一月にインゲルハイムで行われた。夫婦の皇帝・皇后戴冠は一〇四六年一二月二五日ローマで挙行された。

この結婚から五人の子が生まれた。一〇四五年に一人目マティルデ、後にシュヴァーベン大公ルードルフ・フォン・ラインフェルデンの妻となる（六〇没）。一〇四七年に二人目ユディトもしくはゾフィー。最初ハンガリー王ザロモンの后、後にポーランド公ウワディスワフの后になる（九二／九六没）。一〇四八年に三人目アーデルハイト（後のクヴェートリンブルク及びガンデルスハイム女子修道院長、九五頃没）。一〇五〇年に四人目の王位継承者ハインリヒ四世が生まれ、一〇五二年に次男コンラートが生まれる（五五没）。

一〇四八年一一月一九日付け文書で、ハインリヒ三世書記局は皇后アグネスを「共同者たる皇后尊厳女アグネス」（consors Agnes imperatrix augusta）と表記した。オットー朝最後のハインリヒ二世と后のクニグンデの登位とともに、后が同時に王后・皇后として戴冠する慣行が始まったので、ハインリヒ二世の后クニグンデ（一〇一四）、ザリアー朝のコンラート二世の后ギゼラ（一〇二七）、このハインリヒ三世の后アグネス（一〇四六）、そしてハインリヒ四世の后ベルタ（一〇八四）が続く。アグネスの戴冠は一〇四六年一二月二五日クリスマス、教皇クレメンス二世（その直前に教皇へと推戴されたバンベルク司教スイトガー）による。ザリアー朝下では結婚による「一心同体」の后は王権・帝権への強力な参画者となった。

なお、アグネスは一〇五五年の次男コンラートの夭折後、バイエルンを長期にわたり統治した後、一〇六一年に「勤勉かつ国務を支えるに十分に適した人物」であるオットー・フォン・ノルトハイムに授与した。この時、皇后は以前から保持してきたバイエルン大公領を自発的に放棄し、聡明なる人物オットーに委ねるべく計らったという（『アルタイヒ編年誌』）。

教会官職への叙任

皇后が皇帝の代理として司教修道院長を叙任した直接の史料はない。下級教会や私有教会・修道院では司教杖などのシンボル授与により教会聖職者を叙任してはいた。「摂政」アグネスの場合どうだったか。候補者の指名に責任を持ったのみならず、指輪と杖をもってする叙任も行ったはずだ。彼女の礼拝堂付司祭からアイヒシュテット司教になったグンデカール二世の場合は一〇五七年。他に同五七年バンベルク司教になったグンター、六〇年にマインツ大司教になったジークフリート、同六〇年ザルツブルク大司教となったゲープハルトの例がある。一〇五七〜五九年の間に書かれた枢機卿シルヴァ・カンディダのフンベルトゥスによる『聖職売買者駁論』は、世俗（俗人）の婦人が聖職者に司教杖と指輪をもって司教職・修道院長職に就けたと弾劾している。

グンデカール二世の叙任は一〇五七年八月二〇日にトリブールで行われた。司教杖の受領は一〇月五日にシュパイアーで、即位式は一〇月一七日アイヒシュテットで、最後の叙階（聖拔）は一二月二七日に王宮ペールデで行われた。叙階にはハインリヒ四世と母后アグネスが臨席した。皇后は礼拝堂付司祭（＝グンデカール）のために叙階式に必要なものすべてを手配し、まさに息子に対してするがごとくだった（『アルタイヒ編年誌』）。

マインツ大司教に登位したフルダ修道院長ジークフリートの場合も同様で、一〇五九年のクリスマスに彼は王宮に居たが、主の公現日（一〇六〇年一月六日）にマインツ大司教の司教杖を受領した。だれが叙任をしたかは伝えられていない。この叙階の後、皇后は教皇ニコラウス二世に書簡を送り、ジークフリートへの法衣（大司教肩衣）の授与を請願した。しかし、それは『聖職売買者駁論』著者の枢機卿フンベルトゥスらにより、教会の規定により選挙された者は肩衣を自らローマに受け取りに赴かねばならぬと拒否された。フンベルトゥスに拮抗する教皇庁の論客ペトルス・ダミアーニが皇后に伝えた書簡にそのように述べられている。

ゲープハルトの場合は、聖職者とミニステリアールたちの一致した選挙の後、一〇六〇年六月一一日にザルツブルク大司教位を得た。その時、一〇歳のハインリヒ四世が指輪と杖をもって叙任した。叙任というシンボリックな行為が未成年の王によっても行われたという感想を『アルタイヒ編年誌』も伝えている。同編年誌はグンター（一〇五七〜六五）、グンデカール二世（一〇五七〜七五）、ジークフリート（一〇六〇〜八四）の叙任を「王（すなわちハインリヒ四世）がそれぞれの司教職を手渡した」と記述している。

史料には皇后が叙任行為を行ったという記述はない。わずかにフンベルトゥスの『聖職売買者駁論』

による弾劾があるのみである。アグネスが送った教皇宛書簡の請願への枢機卿による拒否はその証拠となろう。しかし、皇后としてアグネスは叙任に立ち会い、幼い王ハインリヒ四世をリードする形で式を主催していたと推測され、実際の授与行為にも関わったのではないかと思われる。

公会議への皇后の出席

公会議への王后・皇后の参加についても史料は明確ではないので、アグネスがハインリヒ三世の傍らに列席していたかは定かではない。一〇四六年五月のアーヘンでの教会会議の時、アグネスの宮廷滞在は史料で確認される（司教・修道院長への諸領授与証書に彼女の名が定式通りある）。一〇四六年一〇月パヴィア、一二月二〇日ストゥリ、一二月二四日ローマで開催された帝国イタリアに関しての公会議についても同様である。アグネスは夫に同伴してローマへ旅し、彼の傍らでクリスマスに教皇クレメンス二世により皇后戴冠した（戴冠公会議は一〇四七年一月はじめ）。

ハインリヒ四世未成年による彼女の「摂政」期間（一〇五六～六二年）、ドイツでは公会議開催はなかったが、イタリアでは教皇によって開催されている。一〇五九年一月半ば、教皇ニコラウス二世によるストゥリ公会議にはイタリア書記局長であるヴィベルトが宮廷代理人として出席した。一〇六一年一〇月二八日のバーゼルでの帝国会議は、近年の研究では皇后の生涯の転換点とされる。ここでは教皇アレクサンデル二世に対抗してパルマ司教カダルスが対立教皇ホノリウス二世として選ばれ正式に宣言された。これは王ハインリヒ四世と母皇后アグネスの指示によるものだったとされる。

「摂政」から離れて

アグネスは一〇五六年の夫皇帝ハインリヒ三世の死後、幼い息子ハインリヒ四世の「摂政」として一〇六二年四月頃まで国政を指導した。最初は教皇ウィクトル二世の支援の下に夫の路線を引き継ぐが、シュヴァーベン、ケルンテン、バイエルンの諸大公領を授与し、結果的に皇帝＝国王権力の強化に逆行する政策を採った。帝国のあらゆる地域を年毎に訪れているが、ザクセンでのザリアー支配への反乱や、シュヴァーベン、ニーダーライン、フリースラント、ルティツェンでの反乱を打倒できず、ハンガリー王ベーラをも服属させられなかった。

教皇ステファヌス九世、ニコラウス二世はドイツ宮廷の関与なく教皇座に就いた。ローマの貴族党派に対抗して教皇ニコラウス二世は枢機卿ヒルデブランド（後の教皇グレゴリウス七世）に支えられてノルマン人たちからの武力援助を獲得した。アヴェルサのリカルドやロベルト・グィスカルド（ロベール・ギスカール＝ノルマンディーのオートヴィル家の貴族、南伊とシチリアにノルマン支配を拡大していた）が教皇庁のレーン家臣となった。これは教皇のイタリア政策の決定的転換であった。

ローマの貴族党派に対抗して定められた一〇五九年の「教皇選挙法」は、国王留保条件において教皇選挙への国王の権利制限を曖昧かつ多様な解釈可能に表現した。ニコラウス二世の死後、ローマの改革派の教皇アレクサンデル二世に対抗して一〇六一年一〇月バーゼルでカダルスがホノリウス二世として推挙された。彼は上部イタリアの貴族党及び帝国司教の一部が推したが、帝国司教の多数は支持しなかった。

アグネスは尼僧になることなくヴェールを被っていた。彼女はクリュニー修道院を創設した家系の出であり、教会改革に心を開いていた。一〇六二年彼女はカイザースヴェルトで息子のハインリヒ四世をローマの改革者に近いケルン大司教アンノによって奪われた（カイザースヴェルト事件）。政治関与を離れたアグネスはローマに巡礼し、イタリアの自領地に居住していた。彼女は教会改革で比較的穏健な理論家ペトルス・ダミアーニらと友好関係を結んでいた。しかしながら、その後の情勢の推移に伴い、息子のハインリヒ四世に反対して、教皇グレゴリウス七世を支持し、教皇からの信頼も得るに至った。

叙任権闘争に際して

一〇六二年の「クーデタ（カイザースヴェルト事件）」でケルン大司教アンノに息子のハインリヒ四世を強引に奪われ、直接統治責任がなくなった時代、アグネスはアレクサンデル二世、グレゴリウス七世の教皇時代にローマの公会議に参加している。ストゥリのボニゾーが報ずるところでは、アレクサンデル二世は死の直前に一〇七三年の四旬節公会議を招集した。そこでは幾人かの会議参加者によって、シモニア（聖職売買）問題が論題とされた。教皇が皇后の「勧告」に基づき、王を教会の統一から切り離そうと欲する国王側近の助言者たちを公式に破門した。皇后は黙って聞き役として参加したのではなく、公会議では議論と協賛権を認められた。彼女は教皇とドイツ宮廷の間の仲介者として、状況を十分承知していただけでなく、公式に、教皇庁側の政治的決定にも組み込まれていた。

『ルッカ司教アンセルムス二世伝』では、皇后アグネスはハインリヒ四世と教会改革者との仲介者とされている。事実、一〇六二年の「摂政」解任以後、イタリアの自領に主に居住していた彼女のドイツ行きは①一〇六三～六四年冬、②一〇六六～六七年冬、③一〇七二年夏、④一〇七四年春である。①は第一回イタリア行きの帰途である。②ではローソク祭りのアウクスブルク宮廷会議出席、三月六日のレーゲンスブルクで証書に関与している（「パッサウ教会への贈与」嫁の王后ベルタ及び他の大司教・司教とともに文書中に名が挙がっている）。ローマへの帰還は一〇六七年夏のシュパイアーでのハインリヒ三世墓参後か一〇六八年早春である。教皇アレクサンデル二世はアグネスを赦免しヴェールの着用を許した。そのローマ滞在中は聖ペテロ教会に夜行し、祈りと断食を通じた責務履行と教会への助言・助力が求められた。

彼女は教皇アレクサンデル二世とハインリヒ四世の宮廷を仲介したり、一〇六五年以降は南イタリアのノルマン人に対しハインリヒに教皇たちへの軍事援助を要請したりしている。一〇七二年から七三年にかけては息子ハインリヒ四世に圧力をかけ、功績あるルードルフ・フォン・ラインフェルデンを支援し、両者を和解させようとした。アグネスの努力は、教会（教皇）の意を受けてドイツでの教会改革を進めるためではなく、改革を巡る皇帝と反皇帝派の対立拡大を前にして、調停・鎮静化する方向であった。

一〇七四年の最後のドイツ行きでは、教皇使節団（枢機卿司教フンベルトゥス・デ・パレストリーナ、クール司教オスティアのジラルド、ライヒェナウの修道士ハインリヒ、イタリアでの皇后の腹心コモのライナルトら）を先導した。四月二六〜二七日のニュルンベルク宮廷会議で、ハインリヒ四世は多数の司教の出席の中で改善を約し、教皇に対してシモニスト（聖職売買者）の廃位に向けて自らが助力することを約束した。

成功裏に終わったドイツ行きからのイタリア帰還後の彼女に、一〇七四年六月、教皇グレゴリウス七世は長文の書簡で労をねぎらい、ハインリヒ四世が教会の交わりに回帰すれば帝国はあらゆる危険から免れるであろうと喜びを示している。ハインリヒ四世もアグネスに宛てた一書簡で、「あなたが我々のいかなる成果をも知ることが正しいことなので、我々はあなたに、親愛なる母上に、この宮廷会議と集会が文書で定め決議したことをお伝えしたく存じます」と呼び掛けている。

一〇七六年、ローマでの祝祭公会議にアグネスは出席し、グレゴリウス七世が息子のハインリヒ四世の廃位を宣言し、臣民を誠実誓約から解除して破門を宣告した場に目撃者として際会した（ライヒェナウのベルトルトの『編年誌』）。彼女はパッサウ司教アルトマン（前国王書記局長）に簡潔な手紙でこれらの出来事を知らせた（ラウテンバッハのマネゴルト『ゲープハルトに与える書物』）。赦免の期限は一〇七六年六月二九日。フラヴィニーのフーゴーの年代記は、皇后書簡をそのまま「公告」し、彼女の「称号」、「書き出し」、「語り」、「最後の挨拶」を引用している。かくして、アグネス皇后の時に、皇后の公会議参加は頂点に達した。同時に公会議も教皇が議長から立法者となる過程に進んだ。

ハインリヒ四世は前述のように（48〜50頁）一〇七七年一月二五から三日三晩カノッサ城門前で、グレゴリウス七世に贖罪を誓うのだが（「カノッサの屈辱」）、ストゥリのボニゾーの語るところでは、アグネスはピアチェンツァでハインリヒ四世とカノッサ事件後に初めて会ったことになる。そこからパヴィアまで同行し、一〇七七年四月のハインリヒのアクィレイア教会宛証書に彼女の名が記されているのが最後である。一〇七七年一二月一四日にアグネスはローマで死去し、神聖ローマ帝国の皇后としてはただ一人聖ペテロ教会に葬られた。

政治的評価

彼女の賢明さと有能さについては諸記録が一致している。一〇五六年、『編年誌』著者ヘルスフェルトのランペルトは、ハインリヒ三世から四世への摩擦のない王位の譲渡とアグネスの統治引き継ぎを報告し、『年代記』著者ミヒェルスベルクのフルトルフも彼女の権力行使についてはその賢明さと几帳面さを称えている。

一〇七六年九月三日付け教皇グレゴリウス七世のドイツ諸侯宛書簡は、恐らく一〇五六年秋の統治開始時に諸侯がアグネスに対して行った誓約に言及している。それによれば、彼らは息子が早世の場合には、後継を決める際の発言権を彼女に認容した。この発言権がいつどういう関わりから認められたか伝えられていないが、一〇五六年秋の「摂政」開始頃のことと思われる。二〇年後の一〇七六年においてもこの諸侯誓約は効力をもっていた。そのことをグレゴリウスの当該書簡が報じている。しかし、発言権はアグネスにあるものの、グレゴリウスは王位に関する決定権が諸侯にあることを疑わない。

近年の研究によれば、アグネスの「摂政」初期は平穏だった。宮廷会議を主催し、使節を迎え、判決を下し、空位レーンを授与し、教会官職を所有し、更なる特許状を交付した。その際注目されることは、少年王ハインリヒ四世の名で交付された証書は彼女単独または有力者と一緒に署名されていることである。母皇后の統治に参画していたマインツ大司教ヴィリギスやヴォルムス司教ヒルデボルトの署名があるが、これはアグネスの単独統治に近かった。

一〇六二年の「カイザースヴェルト事件」後にアグネスはイタリアに一時滞在したが、一〇六五年のハインリヒ四世の刀礼式までドイツ内に留まっていた。恐らくバイエルンにある彼女の領地であろう。彼女は一〇六四年初め以来時々、そして一一月以降は最終的に、ハインリヒの王宮に居るようになり、国王証書に副署をしている。ドイツ・フランス・イタリアで三七の尼僧院にアグネスの名が過去帳に記録されている。寡婦時代のアグネスの滞在先は、モンテカッシノ、スビアコ等、特にイタリアの修道院が多かった事も忘れられない。

2　フリードリヒ一世バルバロッサの皇后ベアトリクス―ブルグントの「皇帝代理」

ブルグントの相続女

ブルグント伯領の相続女であるベアトリクス（一一四〇／四四～八四）は、一一二／一六歳でフリードリヒ一世バルバロッサ（在位一一五二～九〇）と結婚した。挙式はヴュルツブルクで一一五六年六月一〇～一六日。式以前の六月九日、彼女はヴォルムスでトリーア大司教ヒリンの手でドイツ王后の戴冠をしている。彼女はフリードリヒの「共同者」（consors）となった。彼女自身ブルグント地域の大所領と五〇〇〇名の騎士を配下に従えていた。この結婚は重要なアルプス・ルート（ブルグント～イタリア）を確実に皇帝のコントロール下に置くことを保証した。

彼女は成人する男子五人を含む一一人の子女を出産した。長男フリードリヒ（バルバロッサの十字軍に随伴、父の死後残軍を率いて聖地を目指すも翌一一九一年挫折）、次男ハインリヒ（後の皇帝ハインリヒ六世、在位一一九一～九七）、三男コンラート、四男オットー、五男フィリップ（ハインリヒ六世急死後、シュタウフェン家の後継ドイツ王に立つ。ヴェルフェン家のオットー四世と王位争覇戦をするが一二〇八年に暗殺される）。彼女は常に夫に同伴して戦地にもしばしば赴いた。皇后戴冠は一一六七年だが、すでに皇帝フリードリヒ一世バルバロッサと共に一一五六年夏の挙式以後「皇后」（imperatrix）として皇帝の国務を代行し、危機に際しては自ら武器を執って夫を護った。同時に単独でもブルグントの統治にも意を用いている。

宮廷が随時移動しつつ、国王所領・家門領の統治や周辺地域の紛争調停等を行うのが常態であったこの時代、皇后ベアトリクスは夫と共に多くの旅をした。彼女単独だったり、皇帝が行く先々で発給する文書等に証人として彼女が署名していることから、彼女の動静はかなり正確に確認できる。まことに旅する皇帝夫婦であり、一一五七年晩秋、六六年夏、七八年の夫婦でのブルグント行きの他に、複数回のイタリア遠征にも同行し、後年には単独でブルグントを訪れている。

武器を執る皇后――イタリア遠征への同伴

バルバロッサの第一次イタリア遠征時（一一五八～六二年）、皇后は最初からは同行していないが、一一五八年九月一日のミラノとの休戦協定には名を連ね、五九年にハインリヒ獅子公及びバルバロッサに招集された部隊と共にアルプスを越えて七月二〇日にクレマ前面の皇帝陣営に到着した。その後の期間、彼女はバルバロッサの上部イタリア征討の陣営で皇帝と共にいる。滞在地はロディ他。六〇年の四旬節中には軍勢と共にポー川南岸地域に至り、六一年秋に再びロディ、クレモナでの滞在が確認される。六二年三月には改めてロディに、下旬から四月にはパヴィア、五月一一日にはピアチェンツァとの休戦協定、八月にはトリノを最後にバルバロッサと共にドイツへ帰還した。一一六三年に彼女がヴォルムスに滞在しているのが確認される。

第三次（一一六三～六四年）、第四次（一一六六～六八年）のイタリア遠征でも、最初から彼女は皇帝と軍勢に同行し、上部イタリアで二人の王子を出産している（一一六四年七月一六日にパヴィアで長男フリードリヒ、一一六七年二月モディリャーナ城で三男コンラート）一一六四年から六五年のドイツ滞在中も、彼女がバルバロッサ周辺にいると史料で確認される（一一六五年一〇／一一月、ナイメーヘンにて次男ハインリヒ六世を出産）、一一六五年一二月二五日から六六年一月八日までアーヘン。一一六七年八月一日、対立教皇パスカリス三世により皇帝・皇后戴冠を行った（バルバロッサはすでに一一五五年皇帝戴冠してはいたが）。その後の軍事情勢の推移の中、彼女は自ら武器を執り夫の撤退の時間を稼ぐ。バルバロッサは妻と軍勢をイタリアに残して先にドイツへ逃れた程である。

第五次遠征（一一七四～七八年）では、彼女はほとんどパヴィアにある女子修道院に滞在し、当地で一一七七年三月五男のフィリップを出産した。その間バルバロッサは軍事行動や交渉事でしばしば同地に戻った。七七年六月ヴェネツィア条約で教皇及び全枢機卿はバルバロッサとベアトリクスをローマ・カトリックの皇帝・皇后と承認し、教皇自身もしくは特使をもってベアトリクスの皇后戴冠を行うことが定められた。その後、彼女が乳呑み児を抱えて単独でジェノヴァまで旅して、一一七八年二月半ばに皇帝と合流、夏期に夫婦はブルグント経由でドイツへ帰還した。その後一一八四年まで彼女はドイツに居てヴェルフェン家のハインリヒ獅子公との闘争に関わってゆく。

単独の巡幸

しかも、ベアトリクスはしばしば夫の旅程と別に単独で旅をしている（彼女が発給した証書類が物語る）。バルバロッサがザクセン出兵中の一一八一年七月、彼女はブルグントへ出かけ、翌年三月にも同地に赴いている。ブルグントが彼女の本拠所領であることを考慮しても、一一八一～八三年の時期の密な訪問は注目される。一一八三年夏には三男のコンラートを伴いブルグントへ行き、次代への財産継承の準備を進めている（ベアトリクスの死後、一一八八年七月ゴスラーの宮廷会議でブルグント宮中伯に任ぜられたのは四男のオットーだったのだが）。その後、皇后は一一八三年六月二五日、コンスタンツにおける皇帝とロンバルディア都市同盟の和平儀式には同席している。

前年のロンバルディア都市同盟との和平達成の祝いも兼ねて一一八四年聖霊降臨祭（五月二〇日）

にマインツで催された宮廷祝宴は、六二歳の皇帝バルバロッサの確たる名声を印象づけた。七〇余名の諸侯が部下の騎士たち四万から七万名を従え参列した。マインツ市は参加者多数を収容しきれず、市壁の外、ライン川畔の草地に大臨時「祝祭都市」を建設し、木造家屋を建て天幕をしつらえ、木造の礼拝堂すら建てた。翌日、皇帝の二人の息子、長男フリードリヒと次男ハインリヒの騎士叙任式が挙行された。それに付随するトーナメント（騎馬戦）には皇帝自身も参加した。多数の芸人や名ある宮廷詩人たちも出席した。

皇帝の名声の頂点であるマインツにおける豪華・華麗な宮廷祝宴の中心には皇后ベアトリクスがいた。それを終えて彼女はブルグントへ戻り、一一月一五日に亡くなった。墓所はシュパイアー大聖堂。次男のハインリヒ六世の国王戴冠をすでに果たし、次代を担う五人の息子に恵まれた母の死であった。

皇后の仲介

修道院や都市に問題が生じたり紛争が生起したりした時に、時の皇后に頼る事例が多々ある。バルバロッサの第二次イタリア遠征の終わり頃、皇后が都市のために仲介する例が見られた（一一六二年早春）。ロンバルディアの首都ミラノの解放後のことであるが、同市の使節は十字架を持し、ロディで三月六日に皇帝に降伏し、服従宣誓を果たした。バルバロッサは長い間躊躇した後、和解受け入れの用意があることを約束し、ミラノ市民たちは都市からの退去前に今一度皇后に降伏し、「服従の印として」十字架を窓から彼女の部屋に投げ入れた。皇后の部屋へ入ることを拒絶されたので、こうした方法で彼女の支持を得ようとしたのである。

こうした象徴的仕草によって、ミラノ市民は皇后に信頼を寄せたが、これが効果を現し、皇帝は会議での諸侯の判決を受け入れ厳しい処理をしなかった。皇帝は慈悲を示し、ミラノ市民に生命を保障し、帝国追放刑から免除した（『ケルン国王年代記』）ミラノ市民の服従誓約を受けるためのロンバルディア人とドイツ人からなる六名の使節の中に、皇后の侍従であるアーヘンのフリードリヒも含まれていた。

教会人事と教皇シスマへの対応

バルバロッサは「ヴォルムス協約」の遵守の一方で、帝国政策上重要な司教座については候補者選挙への直接的影響力の行使を目指した。ベアトリクスの介在は例外的なものにとどまったが、一一六七年のカンブレー司教座の二重選挙に際して、彼女は親戚のピエール・ド・フランドルに肩入れした。バルバロッサがフランドル伯のディートリヒ及びフィリップに宛てた書簡に、彼女のことが示唆されている。彼女が司教叙階の参加者として代表的役割を見せているのは、バルバロッサの腹心であるライナルト・フォン・ダッセルのケルン大司教叙階（一一六五年一〇月二／三日）時のみである（『ケルン国王年代記』）。

一一五九年九月七日アレクサンデル三世とヴィクトル四世の二重選挙が行われ、「教皇シスマ」が生じた。一一三〇年に皇帝ロタール三世及び皇后リヒェンツァが直面したシスマと異なるのは、帝国政府が最初から一方の党派に加わっていたことである。ローマ教会書記長であったローランド・バンディネッリが「シチリア派」の枢機卿多数からアレクサンデル三世として選出された。一方、枢機卿オクタヴィアーノ・ディ・モンティチェッリがヴィクトル四世として親シュタウフェンの枢機卿少数派によって選出された。バルバロッサ腹心の宮中伯オットー・フォン・ヴィッテルスバッハとビアンドラーテ伯グィドーは選挙後直ちにヴィクトル支持を表明した。

一一六〇年二月に招集されたパヴィア公会議は、主として帝国司教たちの参加の下で、期待通り「皇帝派」教皇ヴィクトル四世を支持したが、彼はシュタウフェン勢力圏外では承認されなかった。他方、アレクサンデル三世は引き続く年月ますます多数派を拡大していった。一一六四年四月二〇日のヴィクトルの死後、皇帝派はパスカリス三世（一一六四～六八）、カリクストゥス三世（一一六八～七八）と、更に対立教皇を擁立した。パスカリス三世によって一一六七年八月一日にベアトリクスは皇后戴冠をしたが、彼女の名前は一一七七年まで続くシスマの間、関係史料には認められない。

アレクサンデル三世及び教皇特使ヨハンネス・デ・アナーニの側からのバルバロッサとその与党の破門（一一六〇年二／三月のパヴィア公会議）に関連しても、彼女の名前は挙げられていない。むしろ彼女はアレクサンデル三世との和解に際して登場する。というのは、彼女と息子の王ハインリヒ六世は、教皇と皇帝の和解を確認するアナーニ予備条約（一一七六年一一月初め）とヴェネツィア条約（一一七七年七月）に関与しているからである。同予備条約において、「教皇と枢機卿はフリードリヒ一世とベアトリクスをローマ・カトリック皇帝夫婦として認め、ベアトリクスはアレクサンデル三世自身ないしは教皇特使の手で改めて皇后に戴冠されるべし」とされた。

更にこの合意は、皇后をも当事者とする。この協定が当事者の死亡の場合、その後継者も拘束すること、バルバロッサが早世したならば、教皇庁側の諸条件はベアトリクスと息子のハインリヒを拘束すること。これによってバルバロッサ早世の場合には、すでに後継者に指名されていた一二歳のハインリヒ六世の「摂政」職が皇后ベアトリクスにより引き受けられることが計画されていたことを証言している。

もし彼女が統治責任を引き受ける状況になれば、同協定の実施のために尽力すべしとされた。こうした条件すべてが最終的に一一七七年七月のヴェネツィア条約に取り入れられた。公式に彼女はアレクサンデル三世を正統教皇として承認した。

分国ブルグント王国の統治

シュタウフェン時代、君主不在中に王后・皇后たちは短期間だけではなく、個別の統治行動に集約された「代理権」行使でもなく、「部分王国」を長期にわたり統治した。ベアトリクスはブルグント王国を、次皇帝ハインリヒ六世の后コンスタンツェはシチリア王国を。両地域は彼女らの相続権が貫徹され得た地域でもあった。

ブルグント（アルル）王国はザリアー朝の皇帝コンラート二世の皇后ギゼラの決定的な関与の下で、ドイツ王国、イタリア王国に次ぐ「第三王国」としてローマ＝ドイツ王の支配領域に統合された。バルバロッサはベアトリクス（ブルグント伯領の相続女）との結婚により、北ブルグントにおける権力地位の構築に改めて成功した。

バルバロッサの結婚（一一五六年六月）後の発給文書は、一一五七、六二、六六、六八、七〇、七三、七八年にある。その際しばしば彼は皇后を伴って旅をした（一一五七、六六、七八年）。一一七八年のブルグント行きは、七月三〇日アルル、八月一五日ヴィエンヌでの戴冠が目的であった。彼はアーヘン、ミラノ、ローマと並ぶ四つの「帝国の座」のうちの一つアルルでブルグント王戴冠を遂行した。更にヴィエンヌでは、ベアトリクスが「ブルグント王冠」（diadema Burgundiae）を戴冠する祝祭戴冠を行った。この儀式はイングランド人年代記著作者ラドゥルフスの証言によれば、「妻に甘い男」（vir uxoris）として評判を呼んだ。バルバロッサが妻を万人に気に入らせようと、彼女をアルルとヴィエンヌで戴冠させたからである（なお、四つの「帝国の座」アーヘン・アルル・ミラノ・ローマは、それぞれドイツ王戴冠の地・ブルグント王戴冠の地・イタリア王戴冠の地・皇帝戴冠の地とされていた。ただし、例外もあったが)。

一一六六、七八年の二度のブルグントへの旅では、ベアトリクスは夫と一緒に様々な統治行為を行い、夫婦は彼女の親戚のシャンパーニュ伯オドーに領地をレーン授与した。その際、包括的なレーン法的協定が定められた（七月二六日ドールにて発給）。オドーには諸領地を生涯にわたり授与。しかもこの協定は、その有効範囲を皇帝・皇后及びその息子ハインリヒにも拡大した。かくしてレーンはオドーの死後は妻及び嫡子女に渡ることなく、皇帝夫婦とその息子の支配に復帰するというものだった。

一一八一〜八三年の間、ベアトリクスは単独でブルグント相続領地に足繁く通い、支配権を行使しており、バルバロッサは一一七八年以来この地に無沙汰で、皇后没後の一一八六年にようやく、第六次の最後のイタリア遠征の帰路にこの地を訪れている。ベアトリクスのブルグントでの発給文書には「神の恩寵によるローマ皇后尊厳女ベアトリクス」(Beatrix dei gratia Romanorum imperatrix augusta) と表記されている。ブルグントの書記の手により七通の証書が一一八三年中に作成されたが、有効範囲は将来のブルグント伯領（フランシュ・コンテ）に拡大している。

皇后の遺領はコンパクトで法的に特別な領域として存続すべきものとされ、彼女の息子の一人がブルグント伯としてそれを継承することが婚姻契約の際に定められていた可能性がある。前述のごとく、この年の夏と秋に母に随伴してブルグント巡幸をしたのはコンラートであったが、後に母の遺領を継承したのはその弟のオットーであった。

たしかにベアトリクスは婚姻当初のみ夫と共にブルグントの支配権を行使したが、残りの年月、完全に独自に自分の宮廷（curia）を有して統治している。彼女周辺の人物の中で特に著名なダニエルは、一一七八年から九〇年代半ばまで史料に登場し、最後はミュールハウゼンの主任司祭。皇后の公証人として働き、同時にバルバロッサの礼拝堂司祭兼補佐官であり、ブルグント伯オットー（ベアトリクスの後継者）にも仕えている。

マルガレーテとバルバラ―「皇后」の位の最後の輝き

1　ルートヴィヒ四世の皇后マルガレーテ・フォン・ホラント・エノー
――大切なホラント・エノー伯領

帝国の北西地域の持つ重要性

マルガレーテ（一三〇七／一〇～五六）はホラント・エノー（ヘンネガウ）伯ヴィルヘルムの三姉妹の長女で、次女マルガレーテ・ヨハンナはユーリヒ辺境伯ヴィルヘルムの妃、三女フィリッパはイングランド王エドワード三世の后である。マルガレーテ自身は一三二四年二月二五日、ケルンでルートヴィヒ四世と結婚（ルートヴィヒは前妻ベアトリクスを一三二二年八月二四日に亡くしている）。父はルートヴィヒ四世の与党である。さて、マルガレーテはドイツ王后には戴冠しなかったが、四年後の一三二八年一月一七日、ルートヴィヒ四世と共にローマで対立教皇（ニコラウス五世）の手で皇后戴冠し、以後「神の恩寵によるローマ人の皇后にして常なる尊厳女」の称号を用いた（一三二八年三月一四日ローマで記された修道院長宛書簡）。一二二〇年のフリードリヒ二世夫婦以来、一〇〇年ぶりの皇帝・皇后戴冠が行われたことになる（なお、一三一二年のハインリヒ七世は遠征途次に后を亡くして単独戴冠であった）。

ルートヴィヒ四世と教皇庁の和解交渉時期には一三三六年から彼女の関与の記録がはじまり、一三四〇年に一層強まる。一三三〇年代後半から四〇年代初めにかけて、ルートヴィヒの外交政策が一変する様相を見せるが、その裏にはホラント地域の勢力関係及び皇后マルガレーテの姻戚関係・人脈の働きが大きいと思われる。この時期彼女は、彼女の母の兄弟であるフランス王フィリップ六世とルートヴィヒとの仲介や同盟締結の斡旋に加わり、后同士が姉妹であるルートヴィヒとイングランド王エドワード三世の関係が終了するに至った。

マルガレーテによる友好条約仲介の努力は、教皇ベネディクトゥス一二世のフランス王フィリップ宛一三三六年一一月二三日付け書簡に示されている。同書簡で教皇は、ルートヴィヒが破門されている限りは仏王が彼と同盟を結ぶことを諌止した。それによって、マルガレーテの試みは挫折した。ルートヴィヒはマルガレーテの妹と結婚しているユーリヒ辺境伯ヴィルヘルムを代理人として、一三三六年暮れに仏王に対し教皇庁問題に関してフランスに敵対することをしない旨申し送っている。

フランスとの和解交渉・教皇との関係

一三四〇年にマルガレーテは改めて仏独協定締結の努力をした。年代記作家マティアス・フォン・ノイエンブルクは『年代記』で、仏王と夫との和平を成立させるため、「ドイツの女主人」の彼女がフィリップ王宛に書簡（複数）を記したと報じる。その際に彼女は交渉の仲介者を指定し、最終的に交渉は成功裡に終了したとも述べられている（『年代記』）。両宮廷間の多数の使節交換と文書による連絡の後、友好協定成立するに至り、ルートヴィヒ四世は一三四一年一月二四日に、フィリップ六世は三月一五日に、それぞれ誓約した。

「被破門者との交わり」という事実に関して、妻としてのマルガレーテならびに子供たちには破門されているルートヴィヒ四世との関わりにもかかわらず、無罪特例が適用されたであろう。一三四六年初め、マルガレーテはエノーの相続女として皇帝ルートヴィヒ四世から、エノー伯領と同君連合にあった帝国レーンであるホラント、ゼーラント、フリースラントを授与された（一三四六年一月一五日のニュルンベルク宮廷会議文書）。証人の一人がルートヴィヒ四世の長子ブランデンブルク辺境伯ルートヴィヒである。彼女は破門されていた夫皇帝によるこのレーン授与について、皇帝の国王としての法的行為を承認し、ルートヴィヒ四世にあらゆる国王権利の行使を禁じた教皇の判決を無視したのである。

それにより彼女自身も教皇と対立し自動的に教会からの破門に陥った。それでも教皇クレメンス六世はマルガレーテに対して断固とした措置を執らず、フランス王の介入もあり、彼女が女伯としてのみであり、決して皇后として行動していないという条件の下で、彼女が統治している諸伯領を聖務停止下に置く措置を思い止まった。

ネーデルラント経営

一三四六年、彼女は九歳の息子アルブレヒトを伴い、三月にエノー、四月、五月とホラント、ゼーラントの諸伯領を巡幸した。そこ此処で諸身分から臣従を受けた。それ以後彼女は発給文書で自らを「神の恩寵によるローマ人の皇后、エノー、ホラント、ゼーラントの女伯、フリースラントの女領主マルガレーテ」と記した（『年代記』）。

マルガレーテはルートヴィヒ四世と教皇ヨハネス二二世の和解交渉時期には政治に関与していなかったであろう。彼女が関わりを持つのは、一三四〇年代に入り親戚のフランス王とルートヴィヒとの和解を志向して、彼女自身がネーデルラント地域の諸伯領の領有・統治に関わってからである。その際に彼女はルートヴィヒの政策を支持し、教皇庁との紛争に陥った。

マルガレーテは一三四六年晩秋まで自己の伯領に滞在していた。ルートヴィヒは彼女にミュンヘン宮廷への帰還を要請した。一三四七年三月一六日付け文書で彼女は相続規則に基づいて一五歳の息子ヴィルヘルムを伯領の代理者とした（『年代記』）。彼は彼女の出発前の九月九日以来ホラントにいた。ところでイングランド王エドワード三世はやはり姻戚関係ならびに戦略上の重要性から、ホラント、ゼーラント地方に橋頭堡を築かんと策動していた。マルガレーテと長子ヴィルヘルムはエドワード三世とは利害を異にしつつ、巻き込まれることとなる。

マルガレーテの活動の場は主にネーデルラントであった。彼女はこの地で発給した文書の中で、夫の死後も「ローマ人の皇后」の称号を放棄しなかった。「エノー、ホラント、ゼーラントの女伯にしてフリースラントの女領主」のみの称号で発給した文書は一三五一年五月六日であり、彼女の赦免の二～三週間前のことである。赦免は教皇クレメンス六世が教勅をもって許容し、それを七月三〇日にカンブレーとアラスの両司教がヴァランシエンヌの伯礼拝堂で挙行した。勿論赦免の授与以前にマルガレーテは教皇の諸条件を満たし、証人の前で宣言しなければならなかった。すなわち、自分は破門された皇帝ルートヴィヒ四世を支持することにより教会の秩序に背いたと。

赦免には広範な約束が含まれている。すなわち、教会と教皇への服従を実証し、真の信仰を告白することである。これをもってマルガレーテはルートヴィヒ・デア・バイエルの家族の中で最初に教皇座と和解した。彼女の息子たちは破門された皇帝の政策をそれほど支持せず協力しなかったが、それぞれ一三五四、五八、五九、六二年に赦免を得た。

一三五六年六月二五日にマルガレーテは亡くなり、ヴァランシエンヌのフランチェスコ教会に埋葬された。息子ヴィルヘルムの病により、その弟のアルブレヒトが後を継ぎ、エノー、ホラント、ゼーラント、フリースラントを結合して、以後四六年間統治した。

2「最も富強の皇后」バルバラ・フォン・ツィリ

聡明にして狡知——史上最も富強の皇后

バルバラ（一三九〇／九五～一四五一年）はツィリ伯ヘルマン二世とシャウエンブルク伯女アンナの娘（六人目の末子）。一四〇八年ジギスムント（最初の后でハンガリー王国相続女マリアとは一三九五年五月一七日死別）と結婚し、同時にグラン大司教によりハンガリー王后戴冠。一四〇九年エリーザベト誕生（後のドイツ王ハプスブルク家のアルブレヒト二世の妃、ハンガリー王となるラディスラス・ポストゥムスの母）。一四一四年一一月八日アーヘンにて夫のドイツ王戴冠とともにドイツ王后戴冠（この地で戴冠した最後の王后）。ジギスムントのローマ行（一四三一～三三年）と皇帝戴冠（一四三三年五月三一日）には同行同席せず（皇帝戴冠に同行しなかった唯一のローマ＝ドイツ王后）。ボヘミア王后戴冠は一四三七年二月一一日プラハで。

非常な美人で雪白の肌であり背丈はすらっとしていたという。ドイツ語、ハンガリー語、ラテン語、チェコ語、恐らくはポーランド語にも堪能だった。史上最も裕福な王后とも言われている。エネア・シルヴィア・ピッコローミニ（後の教皇ピウス二世）は、彼女を評して曰く「不信心者、政治的功名心を持った陰謀家」。多大な資産を持っていた。相続したツィリ伯家の資産の他に自らも王から授与されて領地・収入を増大した。

ジギスムントは后に毎年の関税収入から二万八〇〇〇グルデンを与えた。ハンガリー、クロアティア、モラヴィア、ボヘミアにも豊かな領地があった。年金の剰余金は国王財庫に入れていた程である。夫ジギスムントの死去時には二八もの城と領地を持ち、彼女の資金で王領地を多数購入し集中化した。毎年増大する資産が彼女を夫の「第一債権者」としていたのである。

娘婿アルブレヒト二世は以前からバルバラに批判的であり、一四三七年ジギスムントの死後は、オーフェンで新王アルブレヒト二世による監視下に置かれた。その時、彼女は自分に質入れされていた戦略的に重要な城塞を年金一万二〇〇〇グルデンで引き渡さねばならず、直後にポーランドに亡命した。アルブレヒト二世との葛藤は彼の早世（暗殺）で三九年に終わる。四〇年孫のラディスラス・ポストゥムスの誕生後は、プラハ東北にあるボヘミアのメルニク城へ隠退して孫の成長を見守りつつも、ペストによる自身の死まで政治と無縁ではなく、ボヘミアの政治を左右する有力者たち、後に王となるイジー・ポディエブラドらとの接触を保っていた。

ポーランドとの友好関係

バルバラの父ツィリ伯ヘルマン二世は、ポーランド王ウワディスワフ二世・ヤガイロ（在位一三八六～一四三四、妃へドウィガはジギスムントの最初の妃マリアの妹だったが一三九九没）の再婚者アンナ（一三八〇～一四一六、一四〇二年再婚）の父ヴィルヘルム・フォン・ツィリとは従兄弟であり、バルバラはポーランド王家に親近感を抱いていた。こうした縁で彼女は二〇年以上にわたりジギスムントの「ポーランド政策」に関わりを持つことになった。ジギスムントもウワディスワフ二世と何回か会談を行っている。

一四一〇年七月一五日のタンネンベルク（グルンワルド）の戦いでは、ドイツ王が名目的に支援したドイツ騎士団がポーランドに大敗し、翌一一年二月一日にトルンの和約を結ぶに至るが、以後もポーランドとの友好関係は続き、ポーランド王夫妻をケースマルクに迎えたハンガリー王ジギスムント・バルバラ夫妻は、一二年三月一五日「ポーランド＝リトアニアとハンガリー間の平和条約」を締結するに至った。この条約はその後八年間有効となる。

一四二〇年のブレスラウ国会にバルバラは出席し、ジギスムントの対ドイツ騎士団政策の転換に立ち会う。二四年三月初め二人はクラクフでポーランド新王妃ソフィア〈後のウワディスワフ三世〈在位一四三四〜四四〉の母〉の戴冠式列席。

バルバラはジギスムントの対ポーランド・リトアニア政策〈しばしば変動するものだった〉に加えて対フス派政策等のすべてに関わり、常に夫と方針や行動を共にしたと思われる。ポーランド王ウワディスワフ三世の宮廷はバルバラにとって夫の死後は「避難所」として特別の意味を持っていた。女婿アルブレヒト二世に幽閉された後もクラクフへ逃れ、彼の死でやっとボヘミアに戻っている。

アルブレヒト二世没後のボヘミア、ハンガリー、ポーランドの情勢

一四三七年のジギスムントの死後、ドイツ、ボヘミア、ハンガリーの王位は娘婿のハプスブルク家のアルブレヒト二世〈在位一四三八〜三九、ジギスムントとバルバラの娘エリーザベトの夫〉に引き継がれた。しかし彼が三九年急死した後の一四四〇年、娘夫婦にはラディスラス・ポストゥムス〈一四四〇〜五七〉が生まれた。幼少の彼がボヘミアとハンガリーの王位を引き継ぐが、ハンガリーでは土着貴族のフニャディ・ヤーノシュ〈一三八七頃〜一四五六〉を摂政に選出し〈一四四六年〉、ジギスムントの後にドイツ王位を継いだハプスブルク家フリードリヒ三世に対抗した。フニャディ・ヤーノシュの息子マーチャーシュ・コルヴィーヌス〈一四四〇〜九〇〉は、一四五七年ラディスラス・ポストゥムスの死後五八年にハンガリー王となる。

フス派の穏健派が政権を握っていたボヘミアでは、一四五二年イジー・ポディエブラド（一四二〇～七一）がボヘミア貴族に推されて摂政となり、ラディスラス・ポストゥムスの死後五八年にボヘミア王に選出される。一方でマーチャーシュ・コルヴィーヌスは一四六九年に別派からボヘミア王に推されて、ボヘミアの不安定な状況が始まった。マーチャーシュ・コルヴィーヌスはハプスブルク家からオーストリア、シュタイアーマルク、ケルンテンの中核領域を奪い、一四八五年居城をウィーンに移し強勢を誇った。しかし九〇年マーチャーシュの死により、ドイツのフリードリヒ三世の後継者となっていたその息子マクシミリアン一世が急遽西方から進出して、オーストリア等の中核領域を奪い返し、ボヘミア・ハンガリー王ウワディスワフ（ボヘミア王としてはヴラディスラフ二世）の娘アンナと自分の孫フェルディナントの結婚を取り決め、ハプスブルク家に将来のボヘミア・ハンガリー王位の継承を確保した。

ポーランドでは、ウワディスワフ三世（在位一四三四～四四）がヴァルナでの一四四四年オスマン・トルコとの戦いで戦死し、弟のカジミエシュ四世（リトアニア大公一四四〇～、ポーランド王在位一四四七～九二）が後を継ぐ。

ボヘミア・ハンガリーにもう一度触れる。上述のウワディスワフ（ヴラディスラフ二世）は、このカジミエシュの子で一四六九年にイジー側（反ハンガリー）のボヘミア王に選出され、イジー没後に二度目の選挙でボヘミア王として承認された（在位一四七一～一五一六）。マーチャーシュとヴラディスラフ二世の間の争いは一四七九年オルミュッツの和でヴラディスラフ二世有利に決着し、彼は一四九〇年、マーチャーシュ亡き後のハンガリー王となる（在位一四九〇～一五一六）。

コンスタンツへの巡幸・「国王代理」

一四一四年秋、バルバラはハンガリーからライン地方へ単身で旅をし、その地で夫と合流してニュルンベルク経由フランクフルト、マインツ、ビンゲンへ、次いでボッパールト、コブレンツ、アンデルナッハ、ボン経由でアーヘンに赴いた。そして一四一四年クリスマス・イヴにバルバラは夫の傍らで公会議開催都市コンスタンツへの船による入城を行った。市役所での歓迎の後、夫婦は大聖堂に赴いた。随伴者はボスニア王妃エリーザベト、ヴュルテンベルク大公妃アンナ、ザクセン大公ルードルフらであった。大聖堂では教皇、枢機卿、公会議長老や市民たちが長時間待っていた。

中世のドイツ王后は「国王代理」を勤めるケースがあるが、バルバラはその最後の典型的「代理者」（vicarius）であった。彼女はコンスタンツ公会議前後のハンガリー王国の統治を引き受けることになるが、すでに一四一二年末に王国の管理を引き受けている（『ハンガリー王編年誌』）。バルバラはドイツへの関与はほとんどなく、もっぱらハンガリーの「共治者」としての活動であった。ジギスムントの北伊遠征中も姉のアンナの婿で宮中伯のガライ・ミクローシュ及びグラン大司教カニザイ・ヤーノシュの補佐を受けた。一四一四年から一六年には夫のアーヘンでの国王戴冠とコンスタンツ公会議への旅の間断続的にハンガリー・クロアチアの統治業務の遂行を託された。ジギスムントが公会議をまとめるべく外遊している間もバルバラは彼の留守を守っていた。一四一九年の夫の帰国まで継続する。

この間ミクローシュは駐仏大使として出ており、グラン大司教も一四一八年に死去しているので、彼女が主導的に統治業務を行った。その後二〇年にわたり、夫に随伴して帝国内を旅行している。その折々の政治的決定には関与している。ボヘミアへの関与はずっと遅くなる。一四二〇年夫はボヘミア王に戴冠しているが、彼女の女王戴冠は一四三三年の「プラハ協約」締結後の一四三七年二月一一日である。同年八月一二日の夫皇帝のドイツ行から帰還まで彼女はボヘミア王国の「代理職」を勤めている。

バルバラは中世末の最後の政治的に活動した皇后と言える。カール四世の后たちやフリードリヒ三世の后エレオノーレとは異なり、夫の政治的決定に深く関わり、統治業務に携わった。彼女は皇后戴冠は果たさなかったが、盛期皇帝権時代同様、文字通りの「王権の共同者」であり、晩期皇帝権時代としては例外的な、最後の「共治者」であった。

後期皇帝権の時代――王后・皇后から「妃」へ

後期皇帝権の時代（シュタウフェン朝後半期、大空位時代から一六世紀初め頃まで）、皇后の国政上の地位・

権限と職務は、盛期皇帝権の時代（オットー朝、ザリアー朝、シュタウフェン朝）のそれらと比べると、まさに不明確なものとなり、最終的には「妃」へと変化する。かろうじて出身地域に対する家門の利害保持者としての振る舞いや治績が浮き出るにすぎなくなる。皇帝の統治する帝国がドイツへと狭まり、家門の利害を第一に見ざるを得なくなった時代、「旅する皇帝夫婦」である必要は減るのであった。

ここで述べた皇帝ルートヴィヒ四世の皇后マルガレーテ・フォン・ホラント・エノーの生涯にそれは明らかである。更に、皇帝ジギスムントの王后（皇后戴冠なき事実上の「皇后」）バルバラ・フォン・ツィリにおいては、夫婦ではなくて、まさに彼女自身が最有力な領国支配者でもあった。もちろん、皇帝に同伴しての巡幸の旅と皇后自身の寡婦資産である所領への旅は続いていた。

因みにハプスブルク家の皇帝時代になると、皇后は王家内部・「家門」の権威者に変わり、近世の王朝における帝妃像になっていく。皇帝マクシミリアン一世の再婚の相手はミラノ公ルドヴィーコ・イル・モーロの姪のビアンカ・マリア・スフォルツァ（一四七二〜一五一一）である。財政困難な夫に豊かな嫁資をもたらした彼女ではあったが、ジギスムントの后バルバラとは対照的に「最も貧乏な后」とされる。夫の皇帝マクシミリアンは彼女をしばしば夫妻の質入れ（担保）として様々な都市に送り込み、何か月も彼女の「解放」を待たせている。その費用たるや、贅沢に慣れたミラノ出身の彼女の高価な衣装と宝飾品のための高支出により負債額が倍加することも稀ではなかったという。

あとがき

長年書きためたノートに新たな知見を加えて作成した生硬な拙い文章にお付き合い下さり有り難うございました。「ドイツ国民の神聖ローマ帝国」という呼称が内包する様々な事柄を自分なりに追究して年月が経ちました。国内外の歴史家・研究者諸師から受けた学恩は多大です。参考文献リストには書き切れません。

政治史・政治思想史という分野では特に史資料の奥底に立ち入り、また史資料相互の関係にも視野を広げる必要があります。私は神聖ローマ帝国の皇帝・皇后の人物像にアプローチをしていますが、なかなか納得するイメージにたどり着けない現実です。一人の皇帝を論じ、その手法で何人かの皇帝を論じるということは、それぞれの人物に関する史資料のベースが質量・出所共にかなり異なるため、満足できる人物像を得られないもどかしさを感じているところです。

*　　　*

本文中でハインリヒ七世夫婦のアルプス越えイタリア遠征に触れましたが、付論「旅する皇帝夫婦」で論及した夫婦以外にも、取り上げるべき皇帝夫婦は少なからずいます。ザリアー朝初代のコンラート二世と皇后ギゼラ、ザリアー朝の後を受けてまさに「ヴェルフェン朝」初代となったかもしれないロタール三世と皇后リヒェンツァの二組は、壮年で登位した興味深い創業者夫婦でした。

オットー朝、ザリアー朝、次のシュタウフェン朝前半期に築かれた皇帝と共同者皇后の帝国統治は、当時の生活環境、コミュニケーション事情から多大な労苦を伴うものでしたが、アルプス越えのイタリア遠征に何故固執したのかと後世批判されるのです。しかしながら、当時の人々の心性、国家統治、帝国統治の意味と実態から見れば、「ローマは戴冠に値する」だったのです。イタリア地域の経済力は、王家も含めた諸侯支配の強いアルプスの北のドイツ地域のそれよりも格段に上でした。

イタリアが皇帝の「財布」であったればこそ、歴代の皇帝は幾度となくイタリア遠征を行いました。更にドイツ地域での王・皇帝の実効支配に限界がある以上、帝国の全域に分布する教会勢力との緊密な結びつきが、それを補って余りあるものでした。かくしてイタリア政策と帝国教会政策の両輪が円滑に作動することが皇帝の権力を支えていたのです。

ところが、中世後期にそれが崩れ、皇帝が教会支配を失い、家門権力と領国に足場を移さざるを得なくなり、生活環境・コミュニケーション事情も変化し、帝国が事実上ドイツに縮小して、「ドイツ国民の神聖ローマ帝国」となります。中世帝国におけるような旅する皇帝夫婦は近世には姿を消し、近世以後「皇帝と帝国（帝国諸身分）」の共治体制が確立するようになります。

＊　＊

近世の皇帝の一人フェルディナント一世（ドイツ王一五三一〜六四、皇帝一五五六〜六四）はカール五世の弟です。兄の陰に隠れていますが、実はルターの宗教改革に始まる多難な時期のドイツにおいて、兄を助けるだけではなく、兄に代わって幾つもの政治的・国制的業績を上げています。

スペイン王フェルナンド五世とイサベラ女王の孫である二人は、皇帝マクシミリアン一世の孫でもありました。ドイツ、ネーデルラント、ナポリ＝シチリア、スペインの諸地域を二人は相続します。フェルディナントはスペイン王子として養育され、カールはネーデルラントで育ちました。しかし、マクシミリアン一世は、カールをスペインとネーデルラントに、フェルディナントをドイツ及びボヘミア・ハンガリーに配置するプランでした。一五一六年にカールがスペイン王になった時に初めて弟は兄と知り合ったほどなのです。

一五一九年カール五世が皇帝になり、ルターを召喚したヴォルムス帝国議会の年一五二一年に、弟フェルディナントはハンガリー・ボヘミア王女と結婚しました。カールがドイツに長期不在の時期（一五二二〜三〇年）、ハプスブルク家領のオーストリア、シュタイアーマルク、ケルンテン、ティロル等を兄から譲られた弟は、オスマン・トルコ帝国軍のウィーン攻囲を凌ぎ、一五三一年選挙侯により「ローマ人の王」（＝ドイツ王）に選ばれました。

この一六世紀前半のドイツにおける宗教動乱の時期、国際政治に手をとられて不在がちな兄に代わって、フェルディナント一世はドイツ諸勢力間の調整に努力しました。一五五五年の「アウクスブルクの宗教和議」に「フェルディナントの宣言」が付加されました。聖界諸侯領の貴族と諸都市に対して信教の自由を保障する条項でした。

先代の皇帝が強い印象を与えたために、後継者である息子や兄弟等がその「後始末」に苦労した例が少なからずあります。オットー大帝と息子の二世、オットー三世と後を継いだ又従兄弟のハインリヒ二世、父ハインリヒ四世と抗争して後を継いだ五世、カール四世と不肖の息子ヴェンツェルと奔走したその弟のジギスムントなどです。そして今述べた東奔西走した兄カール五世と、ドイツの諸問題を実質的に処理した弟のフェルディナント一世の業績は決して軽いものではありません。それは近世以後の帝国の舵取りに苦心したドイツの諸侯連合国制と皇帝権の関係の先駆けとなりました。

カールのスペインへの隠退後、ハプスブルク家はスペイン系とオーストリア系に分かれます。ネーデルラントで成長した兄が神聖ローマ帝国を世界帝国の一部としか見なかったのに対して、カスティリヤで成長した弟がオーストリア及び東方領国の帝国諸侯かつ王としてドイツのことを考えたのです。

神聖ローマ帝国史において、皇帝・皇后の「共治」については本文で言及しました。そして皇后の国政への関与が見られなくなったこともまた、中世末・近世初頭以後の「神聖ローマ帝国」の変質を物語るのです。

原稿を提出した直後から、刀水書房の中村文江女史より種々疑問と綿密な注文・助言を受け、一般の読者に分かりやすい叙述、平易な言葉遣い、明確かつ効果的な説明等々の要望に添えるようにと努力致しました。優れた指揮者のタクトの下で、刊行直前まで充実した密度の濃い日々を経験できたことも含めて中村女史に感謝致します。

二〇一九年九月

池谷　文夫

参考文献

1　和文献

G・アルトホフ／柳井尚子訳『中世人と権力』（八坂書房『中世ヨーロッパ万華鏡Ⅰ』）二〇〇四年
池谷文夫『ドイツ中世後期の政治と政治思想』刀水書房、二〇〇〇年
池谷文夫「カトリック的中世世界」（『地中海世界史』第2巻『多元的世界の展開』所収、62～96頁）青木書店、二〇〇二年
池谷文夫「ドイツ王のローマ」（『幻影のローマ』所収、263～301頁）青木書店、二〇〇六年
伊藤宏二『ヴェストファーレン条約と神聖ローマ帝国』九州大学出版会、二〇〇五年
P・H・ウィルスン／山本文彦訳『神聖ローマ帝国　1495-1806』岩波書店、二〇〇五年
M・ヴェーバー／今野元編訳『少年期ヴェーバー　古代・中世史論』岩波書店、二〇〇九年
J・P・エッカーマン／山下肇訳『ゲーテとの対話』全3冊、岩波文庫、一九六九年
加藤雅彦『図説ハプスブルク帝国』河出書房新社、一九九五年
菊池良生『神聖ローマ帝国』講談社現代新書、二〇〇三年
J・W・ゲーテ／山崎章甫訳『詩と真実』岩波文庫、一九九七年
J・W・ゲーテ／相良守峯訳『イタリア紀行』全3冊、岩波文庫、一九六〇年
坂井栄八郎『ゲーテとその時代』朝日選書、一九九六年

渋谷聡『近世ドイツ帝国国制史研究』ミネルヴァ書房、二〇〇〇年
H・K・シュルツェ／五十嵐修他訳『西欧中世史事典Ⅱ　皇帝と帝国』ミネルヴァ書房、二〇〇五年
B・シンメルペニッヒ／甚野尚志・成川岳大・小林亜沙美訳『ローマ教皇庁の歴史　古代から　ルネサンスまで』刀水書房、二〇一七年
『ドイツ史Ⅰ』（『世界歴史大系』）山田欣吾編、山川出版社、一九九七年
『ドイツ史Ⅱ』（『世界歴史大系』）成瀬治編、山川出版社、一九九六年
H・トーマス／三佐川亮宏・山田欣吾編訳『中世の「ドイツ」　カール大帝からルターまで』創文社、二〇〇五年
服部良久『ドイツ中世の領邦と貴族』創文社、一九九八年
W・H・ブリュフォード／上西川原章訳『一八世紀のドイツ　ゲーテ時代の社会的背景』（第二版）、（原著第三版は一九五二年）、三修社、二〇〇一年
M・フルブロック／高田有現・高野淳訳『ドイツの歴史』（原著 M. Fulbrook, A Concise History of Germany, Cambridge UP 1990.）創土社、二〇〇五年
O・ブルンナー／石井紫郎他訳『ヨーロッパ　その歴史と精神』岩波書店、一九七四年
G・F・W・ヘーゲル／長谷川宏訳『歴史哲学講義』全2冊、岩波文庫、一九九四年
G・F・W・ヘーゲル『ドイツ憲法論』（金子武蔵・上妻精訳『政治論文集』〈全2冊〉所収）、岩波文庫、一九六七年
H・ヘルビック／石川武・成瀬治訳『ヨーロッパの形成』岩波書店、一九七〇年
三佐川亮宏『ドイツ　その起源と前史』創文社、二〇一六年
三佐川亮宏『紀元千年の皇帝　オットー三世とその時代』刀水書房、二〇一八年

H・ミッタイス＝H・リーベリヒ／世良晃志郎訳『ドイツ法制史概説（改訂版）』創文社、一九七一年（原著 H. Mitteis und H. Lieberich, Deutsche Rechtsgeschichte. Ein Studienbuch, 18. Aufl., München 1988.）
皆川卓『等族制国家から国家連合へ　近世ドイツ国家の設計図「シュヴァーベン同盟」』創文社、二〇〇五年
山本文彦『近世ドイツ国制史研究　皇帝・帝国クライス・諸侯』北海道大学図書刊行会、一九九五年
L・v・ランケ／相原信作・鈴木成高訳『世界史概観』（原著 Über die Epochen der Neueren Geschichte『近世史の諸時代』）岩波文庫、一九六一年改版
L・v・ランケ／林健太郎訳『ランケ自伝』岩波文庫、一九六六年
M・ルター／成瀬治訳『キリスト教世界の改善について　ドイツ国民のキリスト教貴族に与う』（松田智雄編『ルター』〈世界の名著18〉中央公論社、一九六九年所収）
H・F・ローゼンフェルト、H・ローゼンフェルト／鎌野多美子訳『中世後期のドイツ文化　一二五〇年から一五〇〇年まで』（第二版）（原著 H.-F. und H. Rosenfeld, Deutsche Kultur im Spätmittelalter 1250-1500, Wiesbaden 1972.）三修社、二〇〇六年

2　欧文献

M. Akermann, Die Staufer. Ein europäisches Herrschergeschlecht, Stuttgart 2003.
G. Althoff, Die Ottonen. Königsherrschaft ohne Staat, Stuttgart 2000.
H. Angermeier, Die Reichsreform 1410-1555. Die Staatsproblematik in Deutschland zwischen Mittelalter und Gegenwart, München 1984.
H. Beumann (hrsg.), Kaisergestalten des Mittelalters, München 1984.

H. Boockmann und H. Dormeier, Konzilien, Kirchen-und Reichsreform (1410-1495), (Gebhardt Handbuch der Deutschen Geschichte, 10. Aufl., Bd. 8.), Stuttgart 2005.

M. Borgolte, Europa entdeckt seine Vielfalt 1050-1250, Stuttgart 2002.

E. Boschof, Die Salier, 4. Aufl., Stuttgart 2000.

K. Bosl, Europa im Mittelalter, Hrsg. von G. Scheibelreiter, Darmstadt 2005.

Der Brockhaus Atlas zur Geschichte, Verlag Brockhaus, Mannheim 2005.

A. Bühler, U. Dirlmeier et. al. (hrsg.), Das Mittelalter, Brockhaus Bibliothek-Die Weltgeschichte, Leipzig-Mannheim 1998, Lizensausgabe, Darmstadt 2004.

R. H. C. Davis (ed. by R. I. Moore), A History of Medieval Europe. From Constantine to Saint Louis, 3rd ed., London et. al. 2006.

Deutsche Geschichte in Quellen und Darstellung, Bd. 1: Frühes und hohes Mittelalter 750-1250, hrsg. von W. Hartmann, Stuttgart 1995; Bd. 2: Spätmittelalter 1250-1495, hrsg. von J. P. Moeglin, R. A. Müller, Stuttgart 2000.

A. Diehl, Heiliges Römisches Reich Deutscher Nation, in: Historische Zeitschrift (HZ) 156, 1937, S. 457-484.

U. Dirlmeier/G. Fouquet/B. Fuhrmann, Europa im Spätmittelalter 1215-1378, Oldenbourg Verlag, München 2003.

dtv-Atlas zur Weltgeschichte, 2 Bde., 25Aufl., München 1991.

J. Ehlers (hrsg.), Deutschland und der Westen Europas im Mittelalter, Vorträge und Forschungen 56, Stuttgart 2002.

J. Ehlers, Das westliche Europa. Die Deutschen und das europäische Mittelalter, München 2004.

E. Engel, E. Holtz (hrsg.), Deutsche Könige und Kaiser des Mittelalters, Urania Verlag, Leipzig / Jena/Berlin 1989.

F.-R.Erkens, Kurfürsten und Königswahl. Zu neuen Theorien über den Königswahlparagraphen im Sachsenspiegel und die Entstehung des Kurfürstenkollegiums, Hannover 2002.

W. Goez, Translatio imperii. Ein Beitrag zur Geschichte des Geshichtsdenkens und der politischen Theorien im Mittaltlter und in der frühen Neuzeit, Tübingen 1958.

W. Goez, Gestalten des Hochmittelalters, Darmstadt 1983.

W. Goez, Kirchenreform und Investiturstreit 910-1122, 2. überarb. Aufl., Stuttgart-Berlin- Köln 2008.

W. Goez, Papsttum und Kaisertum im Mittelalter, Darmstadt 2009.

Die Goldene Bulle. Politik-Wahrnehmung-Rezeption, Hrsg. von U. Hohensee, M. Lawo, M. Lindner, M. Menzel und O. B. Rader, 2Bde., Akademie Verlag, Berlin 2009.

P. C. Hartmann, Die Deutschen, Deutschland und das Heilige Römische Reich im Urteil der französischen und francoburgundischen Historiographie und Memorialistik in der zweiten Hälfte des 15. Jahrhundert, in: Hisotrisches Jahrbuch 101 (1981), S. 462-473.

A. Haverkampf, Zwölftes Jahrhundert 1125-1198, (Gebhardt Handbuch der deutschen Geschichte 10. Auflage), Bd. 5, Klett-Cotta, Stuttgart 2003.

Heiliges Römisches Reich Deutscher Nation 962 bis 1806. Von Otto dem Grossen bis zum Ausgang des Mittelalters, hrsg. von M. Puhle/C.-P. Hasse, Bd. 2: Essays, 29. Ausstellung des Europarates in Magdeburg und Berlin und Landesausstellung Sachsen-Anhalt, Sandstein Verlag, Dresden 2006.

K. Herbers, Geschichte des Papsttums im Mittelalter, Darmstadt 2012.

J. K. Hoensch, Die Luxemburger. Eine Spätmittelalterliche Dynastie gesamteuropäischer Bedeutung 1308-1437, Stuttgart 2000.

P. Hoffmann, Die bildlichen Darstellungen des Kurfürstenkollegiums von den Anfängen bis zum Ende des Heiligen Römischen Reiches (13.-18. Jahrhundert), Bonn 1982.

G. Jaeckel, Die Deutschen Kaiser, Weltbild Verlag, Augsburg（刊行年未記載).

B. Jussen (hrsg.), Die Macht des Königs. Herrschaft in Europa vom Frühmittelalter bis in die Neuzeit, München 2005.

H. Koller, Kaiser Friedrich III.,Darmstadt 2005.

K.-Fr. Krieger, König, Reich und Reichsreform im Spätmittelalter, 2. durchges. Aufl., München 2005.

E. Meuthen, Das 15. Jahrhundert, 2. ergänzte Aufl., München 1984.

J. Miethke und A. Bühler, Kaiser und Papst im Konflikt. Zum Verhältnis von Staat und Kirche im späten Mittelalter, Düsseldolf 1988.

H. Mitteis, Die deutsche Königswahl, ihre Rechtsgrundlagen bis zur Goldenen Bulle, München und Wien 1944, Neudr. Darmstadt 1969.

P. Moraw, Von Offener Verfassung zu Gestalteter Verdichtung. Das Reich im späten Mittelalter 1250 bis 1490, Propyläen Geschichte Deutschlands, Frankfurt (Main) und Berlin, 1989.

P. Moraw (hrsg.), Deutscher Königshof, Hoftag und Reichstag im späteren Mittelalter, Vortäge und Forschungen 58, Stuttgart 2002.

U. Nonn, Heiliges Römisches Reich Deutscher Nation. Zum Nationenbegriff im 15. Jahrhundert, in: Zeitschrift für

Historische Forshung 9 (1982), S. 129-142.

M. Pahle und C.-P. Hasse (hrsg.), Heiliges Römisches Reich Deutscher Nation 962-1806. Von Otto dem Großen bis zum Ausgang des Mittelalters, Dresden 2006.

H. Pleticha (hrsg.), Deutsche Geschichte, Bde. 1~6, Lexikothek Verlag, Gütersloh 1981-1984.

Ploetz, Deutsche Geschichte Epochen und Daten, 4. Aufl., Würzburg 1988.

W. Reinhard, Reichsreform und Reformation 1495-1555, (Gebhardt Handbuch der Deutschen Geschichte, 10. Aufl., Bd. 9.), Stuttgart 2001.

B. Schneidmüller, Die Kaiser des Mittelalters. Von Karl dem Großen bis Maximilian I., München 2006.

B. Schneidmüller/S. Weinfurter(hrsg.), Die Deutschen Herrscher des Mittelalters. Historische Portraits von Heinrich I. - Maximilian I. (919-1519), München 2003.

B. Schneidmüller/S. Weinfurter (hrsg.), Heilig-Römisch-Deutsch. Das Reich im mittelalterlichen Europa, Dresden 2006.

B. Stollberg-Rilinger/M. Puhle/J. Götzmann/G. Althoff (hrsg.), Spektakel der Macht. Rituale im Alten europa 800-1800, 2. Aufl., Darmstadt 2009.

T. Struve, Salierzeit im Wandel. Zur Geschichte Heinrichs IV. und des Investiturstreits, Böhlau Verlag, Köln 2006.

W. Stürner, Friedrich II., 2Bde., 3. Aufl., Darmstadt 2009.

S. Weinfurter, Canossa. Die Entzauberung der Welt, München 2006.

A. Wolf (Hrsg.), Königliche Tochterstämme, Königswähler und Kurfürsten, Frankfurt am Main 2002.

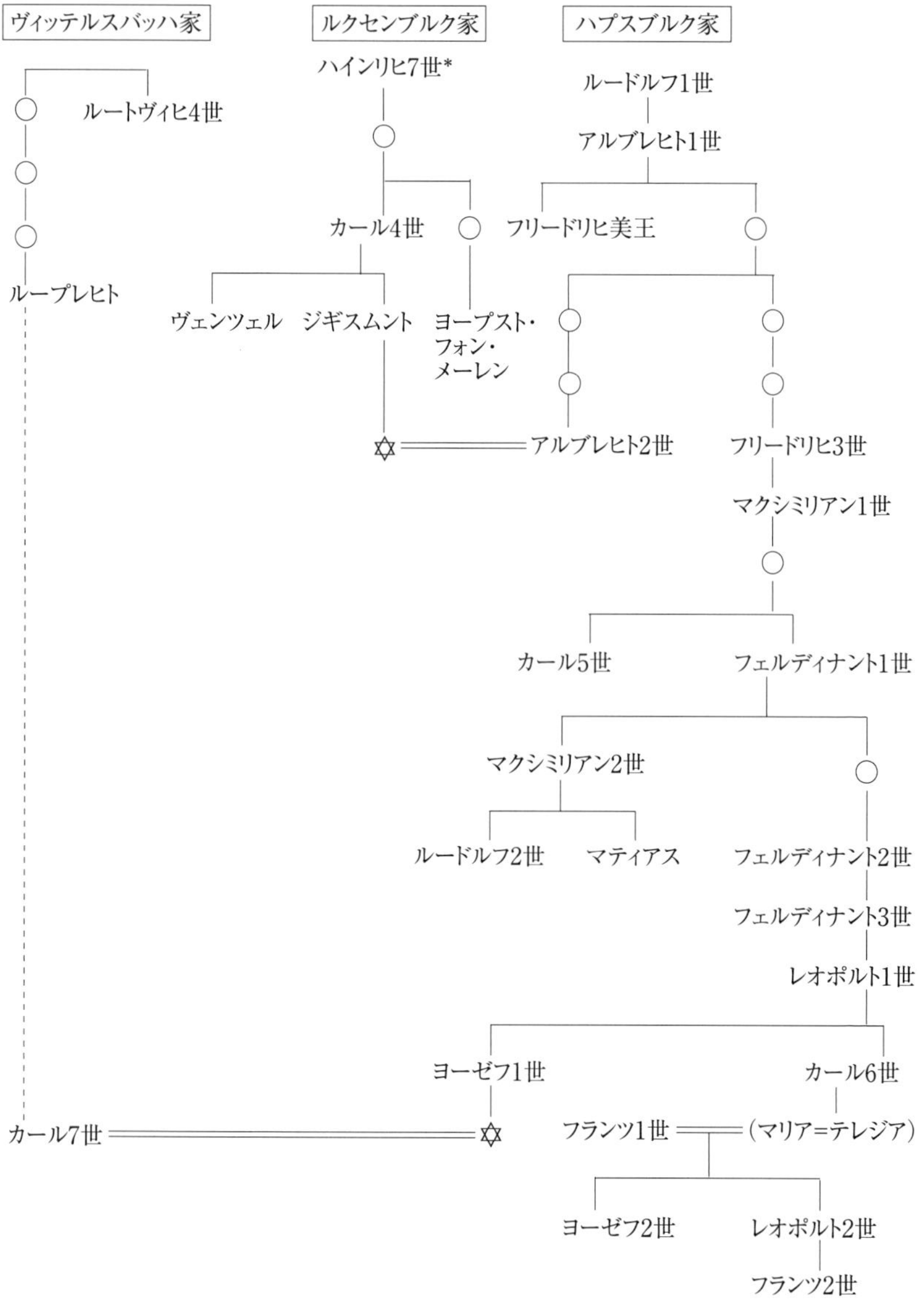
ヴィッテルスバッハ家
ルクセンブルク家
ハプスブルク家
ハインリヒ7世*
ルートヴィヒ4世
ルードルフ1世
アルブレヒト1世
カール4世
フリードリヒ美王
ループレヒト
ヴェンツェル
ジギスムント
ヨープスト・フォン・メーレン
アルブレヒト2世
フリードリヒ3世
マクシミリアン1世
カール5世
フェルディナント1世
マクシミリアン2世
ルードルフ2世
マティアス
フェルディナント2世
フェルディナント3世
レオポルト1世
ヨーゼフ1世
カール6世
カール7世
フランツ1世
(マリア=テレジア)
ヨーゼフ2世
レオポルト2世
フランツ2世

歴代ドイツ王・皇帝の略系譜

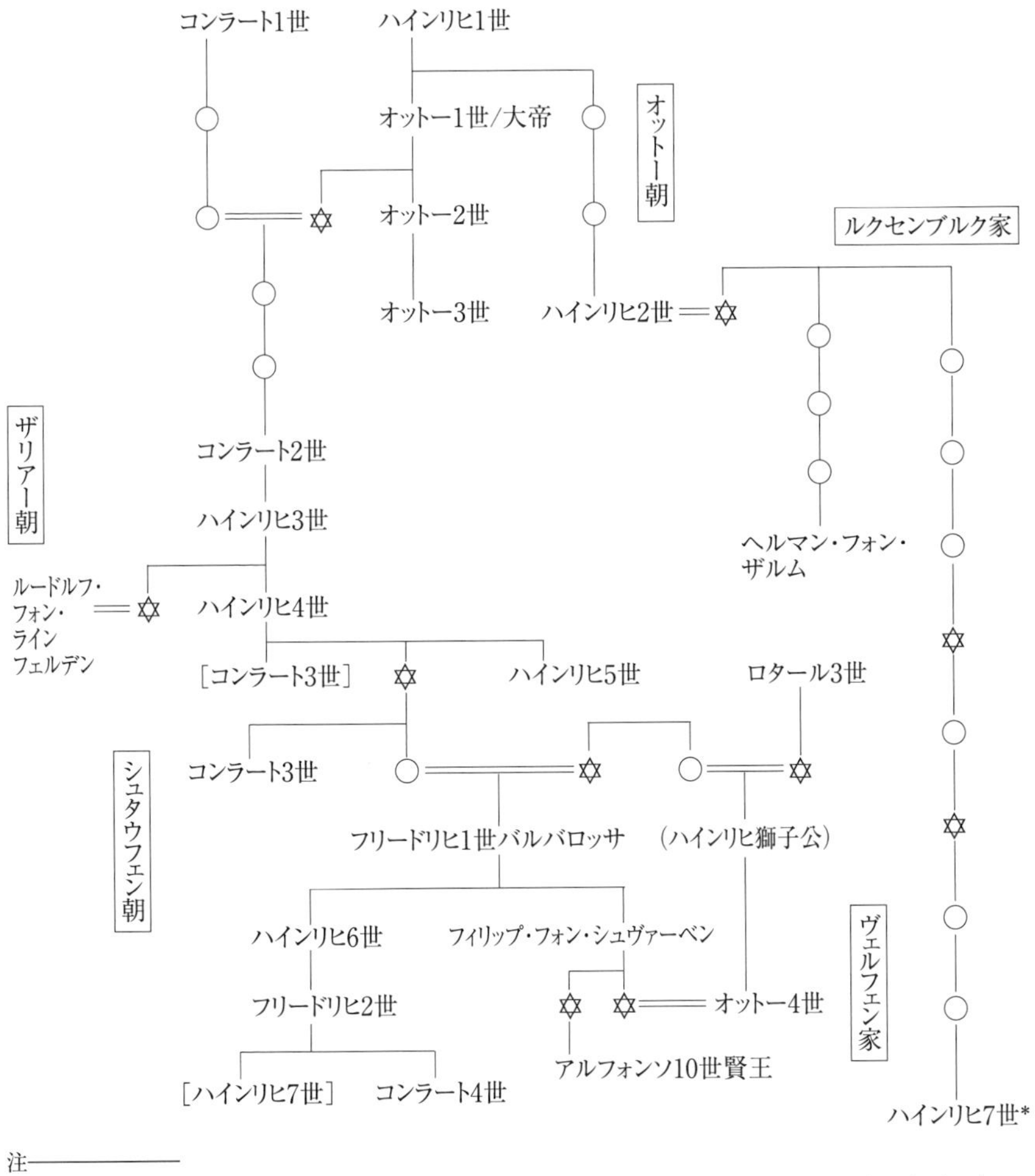

注

(1)：ドイツ王の内，ハインリヒ・ラスペ，ヴィルヘルム・フォン・ホラント，リチャード・オヴ・プランタジネット，ナッサウのアドルフ，ギュンター・フォン・シュヴァルツブルクの５名は直接の繋がりには入らない

(2)：特に年代を記していない／別表「歴代ドイツ王・皇帝一覧（その１～3)」で確認願う

(3)：名前の省略部分○は男性，✡は女性

(4)：ハインリヒ７世*は左・右で繰り返す

(5)：(ハインリヒ獅子公)と(マリア＝テレジア)は繋がりを理解するために特に加えた

歴代ドイツ王・皇帝一覧　その３／近世・近代編

王朝（家門）名	皇帝名	血縁関係	生年	即位・戴冠年	没年	年齢
ハプスブルク朝	マクシミリアン2世	フェルディナント1世の息子	1527	1564	1576	49
	ルードルフ2世	マクシミリアン2世の息子	1552	1576	1612	59
	マティアス	ルードルフ2世の弟	1557	1612	1619	62
	フェルディナント2世	マクシミリアン2世の甥	1578	1619	1637	58
	フェルディナント3世	フェルディナント2世の息子	1608	1637	1657	48
	レオポルト1世	フェルディナント3世の息子	1640	1658	1705	64
	ヨーゼフ1世	レオポルト1世の息子	1678	1705	1711	32
	カール6世	ヨーゼフ1世の弟	1685	1711	1740	55
ヴィッテルスバッハ家	カール7世	ヨーゼフ1世の女婿 バイエルン大公	1697	1742	1745	47
ハプスブルク朝	フランツ1世	マリア＝テレジアの夫ロートリンゲン公	1708	1745	1765	56
	ヨーゼフ2世	マリア＝テレジアとフランツ1世の息子	1741	1765	1790	48
	レオポルト2世	ヨーゼフ2世の弟	1747	1790	1792	44
	フランツ2世	レオポルト2世の息子	1768	1792 （1806 退位）	1835	67
		（オーストリア皇帝として フランツ1世）		1804 （～ 1835）		

12（205）歴代ドイツ王・皇帝一覧（その2）

王朝（家門）名	国王・皇帝名 *1	王后・皇后（生年・結婚年・没年）*2	后の出身地・家門
ヴィッテルスバッハ家	◎ルートヴィヒ4世	①ベアトリクス（ca.1292・ca.1308・1322）	グローガウ伯女
		☆②マルガレーテ（1307/10・1324・1356）	ホラント・エノー伯女
ハプスブルク家	フリードリヒ美王	イサベラ（?・1313・1330）	アラゴン王女
ルクセンブルク朝	◎カール4世	①ブランシュ（1316/17・1323・1348）	フランス王妹
		②アンナ（1329・1349・1353）	宮中伯女
		☆③アンナ（1339・1353・1362）	シュヴァイドニッツ伯女
		*3 ④エリザベート（ca.1347・1363・1393）	ポンメルン公女
	*ギュンター・フォン・シュヴァルツブルク	（不明）	
	★ヴェンツェル	①ヨハンナ（1356・1370・1386）	ホラント伯相続女
		②ソフィア（1376・1389・1425）	バイエルン公女
ヴィッテルスバッハ家	★ループレヒト	エリザベート（？・？・1411）	ニュルンベルク城伯女
ルクセンブルク朝	◎ジギスムント	①マリア（1371・1385・1395）	ハンガリー女王
		②バルバラ（1390/95・1408・1451）	ツィリ伯女
	*ヨープスト・フォン・メーレン	（不明）	
ハプスブルク朝	★アルブレヒト2世	エリザベート（ca.1409・1422・1442）	皇帝ジギスムントの娘
	◎フリードリヒ3世	☆エレオノーレ（1436・1452・1467）	ポルトガル王女
	◎マクシミリアン1世	①マリー（1457・1477・1482）	ブルゴーニュ公相続女
		②ビアンカ・マリア・スフォルツァ（1472・・1494・1510）	ミラノ公姪
	◎カール5世	イサベラ（?・1526・1539）	ポルトガル王女
	◎フェルディナント1世	アンナ（?・1521・1547）	ハンガリー王女

注――
＊1 ◎：神聖ローマ皇帝，★：戴冠果たせず，＊：対立王その他
＊2 皇后名の前の☆は、皇帝・皇后の同時戴冠
＊3 エリザベートは1368年に皇后単独戴冠

王朝（家門）名	国王・皇帝名 *1	王后・皇后（生年・結婚年・没年）*2	后の出身地・家門
	◎ハインリヒ6世	☆コンスタンツェ（1154・1186・1198）	シチリア女王
	★フィリップ・フォン・シュヴァーベン	イレーネ（1181・1195・1208）	ビザンツ皇女
ヴェルフェン家	◎オットー4世	☆①ベアトリクス（1198・?・1212）	フィリップ王の娘
		②マリア（1191?・1214・1260）	ブラバント公女
シュタウフェン朝	◎フリードリヒ2世	☆①コンスタンツェ（1182/83・1209・1222）	アラゴン王女
		②イサベラ（1211/12・1225・1228）	イェルサレム女王
		③ビアンカ（1200・1234/35・1234/35）	ピエモンテのランツィア家の娘
		④イサベラ（1217・1235・1241）	イングランド王妹
	★［ハインリヒ7世］	マルガレーテ（1204/05・1225・1266）	オーストリア公女
	★コンラート4世	エリザベート（1230/31・1246・1273）	バイエルン公女
	ハインリヒ・ラスペ	①不明	
		②ゲルトルート（？・？・1241）	
		③ベアトリクス（？・？・？）	ブラバント公女
ホラント伯家	★ヴィルヘルム	エリザベート（？・1252・1266）	ハインリヒ獅子公の曾孫
	★リチャード・オヴ・プランタジネット	①イサベラ（?・1231・1240）	グロスター伯寡婦
		②サンシャ（?・1243・1261）	プロヴァンス伯女
		③ベアトリクス（ca.1253・1269・1277）	ファルケンベルク伯女
	アルフォンソ10世賢王	ヴィオランテ（?・1246・1300）	アラゴン王女
ハプスブルク家	★ルードルフ1世	①アンナ（ゲルトルート）（ca.1218・1253/54・1281）	ホーエンベルク伯女
		②イサベラ（エリザベート）（1269・1284・1323）	ブルグント伯女
ナッサウ伯家	★アドルフ	イマギーナ（?・ca.1280・?）	リンブルク伯女
ハプスブルク家	★アルブレヒト1世	エリザベート（1262/63・1274・1313）	ティロル・ゲルツ伯女
ルクセンブルク伯家	◎ハインリヒ7世	マルガレーテ（1275/76・1292・1311）	ブラバント公女

歴代ドイツ王・皇帝一覧（その２／皇帝・皇后表）

王朝（家門）名	国王・皇帝名 *1	王后・皇后(生年・結婚年・没年) *2	后の出身地・家門
フランケン家	★コンラート1世	クニグンデ (ca.878・913・915/36)	バイエルン辺境伯寡婦
オットー (ザクセン)朝	★ハインリヒ1世	①ハテブルク (生没年不詳，909年離婚)	東ザクセン地方の伯女
		②マティルデ (890/895・909・968)	ヴェストファーレン伯女
	◎オットー1世（大帝）	①エドギート (?・929/930・946)	イングランド王妹 (エドワード年長王の妹)
		☆②アーデルハイト (ca.931・951・999)	ブルグント王女／ イタリア女王
	◎オットー2世	☆テオファーヌ (959/960・972・991)	ビザンツ皇女
	◎オットー3世	独身	
	◎ハインリヒ2世	☆クニグンデ (975/980・998/1000・1033)	ルクセンブルク伯女
ザリアー朝	◎コンラート2世	☆ギゼラ (989/990・1016・1043)	ブルグント王国相続女
	◎ハインリヒ3世	①クニグンデ（グンヒルト） (ca.1018・1036・1038)	デンマーク王女 (クヌート大王の娘)
		☆②アグネス (ca.1020・1043・1077)	アキテーヌ公女
	◎ハインリヒ4世	☆①ベルタ (1051・1066・1087)	トリノ(サヴォイ)伯女
		②プラクセディス (ca.1068・1089・1109)	キエフ大公女
	＊ルードルフ・フォン・ ラインフェルデン	①アグネス (？・1059・1060)	ハインリヒ4世の姉
		②アーデルハイト (？・1062・1079)	サヴォイ伯・トゥリン辺 境女伯の娘
	＊ヘルマン・フォン・ ザルム	(不明)	
	★[コンラート3世]	マクシミリア (？・1095・？)	シチリア王女
	◎ハインリヒ5世	☆マティルデ (1102・1114・1167)	イングランド王女； プランタジネット朝の母
ズップリンブルク家	◎ロタール3世	☆リヒェンツァ (ca.1087・1100・1141)	ノルトハイム伯相続女
シュタウフェン朝	★コンラート3世	①不明	
		②ゲルトルート (1113/16・1131/32・1146)	ズルツバッハ伯女
	◎フリードリヒ1世 (バルバロッサ)	①アデラ(1128/29・1147/49・ca.1187) (1153年離婚)	ブルグント伯女
		☆②ベアトリクス (1140/44・1156・1184)	ブルグント伯女

選挙／推載	国王載冠(場所)	皇帝(皇后)載冠*1−2	没年
1346.7.11Rhens：対立王 1349.6.17Frankfurt	1346.11.26Bonn 1349.7.25Aachen	☆1355.4.5	1378
1349.1.30/1349.5.26王位放棄	なし		1349
1376.6.10Frankfurt/1400.8.20廃位Oberlahnstein	1376.7.6Aachen	×	1419
1400.8.21Rhens	1401.1.6Köln	×	1410
1410.9.20Frankfurt/1411.7.21Frankfurt	1414.11.8Aachen	・1433.5.31	1437
1410.10.1Frankfurt/1411.1.18死去			1411
1438.3.18Frankfurt/1438.4.29選挙承認	なし	×	1439
1440.2.2Frankfurt/1440.4.6選挙承認	1442.6.17Aachen	1452.3.19*12	1493
1486.2.16Frankfurt/父の死後, 1493.8.19統治開始/ 1508.2.4「選挙されたローマ皇帝」と公告	1486.4.9Aachen	1508.2.4トリエント*13	1519
	1519.6.28Frankfurt	1530.2.24ボローニャ*14	1558
1531.1.5Köln	1531Aachen*15	・1558*16	1564

死後は既に戴冠している息子が継承する。同じ「王」であるが，一般的には父王が優位であり，父子間の争いも

このので，正規の「３世」「７世」は，後に即位した同名の王たちの表記となった
が並立する状況が生じることである。表中では，フィリップ・フォン・シュヴァーベンとオットー４世，リチャ

196年ポワトゥー伯・アキテーヌ公。親英派諸侯の支持を得るが，イタリア遠征不成功。1214年ブーヴィーヌの

携を図るが，ドイツには来ず
補者不在）
（～1325年3月釈放）。1325.9.5ミュンヘンでの「両家間の契約」で「共治王」となる（～1330年）が，帝国統

であるので，特に異例である

皇帝」を称する。カール５世以後もこの称号は継承される

Erforschung des Mittelalters, Bd. 60 Heft 1, 2004, S. 46ff.

8（209）歴代ドイツ王・皇帝一覧（その1）

王朝(家門)名	国王・皇帝名*1−1	生年	国王・皇帝名原綴	血縁関係
ルクセンブルク朝	◎カール4世	1316	Karl IV.(1346-1378)	ハインリヒ7世の孫；ベーメン王
	*ギュンター・フォン・シュヴァルツブルク	1303	Günther von Schwalzburg	———
	★ヴェンツェル	1361	Venzel(1378-1400)	カール4世の息子
ヴィッテルスバッハ家	★ループレヒト	1352	Ruprecht von der Pfalz (1400-1410)	ライン宮中伯
ルクセンブルク朝	◎ジギスムント	1368	Sigismund(1410-1437)	ヴェンツェルの弟；ハンガリー王
	*ヨープスト・フォン・メーレン	1354	Jobst von Mähren	カール4世の甥
ハプスブルク朝	★アルブレヒト2世	1397	Albrecht II.(1438-1439)	ジギスムントの女婿
	◎フリードリヒ3世	1415	Friedrich III.(1440-1493)	アルブレヒトの又従弟
	◎マクシミリアン1世	1459	Maximilian I. (1486, 1493-1519)	フリードリヒ3世の息子
	◎カール5世	1500	Karl V.(1519-56)	マクシミリアン1世の孫
	◎フェルディナント1世	1503	FerdinandI(1556-64)	カール5世の弟

注————

1−1　◎：神聖ローマ皇帝，★：戴冠果たせず，：対立王その他／*1−2　☆：皇帝・皇后戴冠，・：皇帝単独戴冠

*2　国王選挙が通常であったドイツでは，父王が在位中に息子を王に選挙・戴冠させる例が少なくない。父王
生じた

*3　［コンラート３世］［ハインリヒ７世］は父王の在位中に「共治王」として戴冠したが，その後「廃位」さ

*4　国王の二重選挙とは，対立する諸侯勢力が，ほぼ同時期にそれぞれ王を選挙し，更に戴冠させて，二人の
ード・オヴ・プランタジネットとアルフォンソ10世，ルートヴィヒ４世とフリードリヒ美王の場合が該当する

*5　甥のフリードリヒ２世にドイツ王位を確保すべく，親仏派諸侯と連携。1208年暗殺される

*6　母マティルデはイングランド王リチャード１世獅子心王の姉。イングランド宮廷及びノルマンディーで育
敗戦後自己の所領に隠退

*7　イングランド王ヘンリ３世の弟，親英派諸勢力と連携，ライン川下流地域に地歩を築こうとするも不成功

*8　カスティリャ王フェルナンド３世の子，母はフィリップ・フォン・シュヴァーベンの娘。親仏派の諸侯と

*9　ハプスブルク勢力に反対するルクセンブルク勢力に推される（ルクセンブルク家はハインリヒ７世死後に

*10　ドイツ王アルブレヒト１世の息子。ミュールドルフの敗戦で捕らえられ，トラウシュニッツ城に幽閉され
治に関与できず，オーストリアへ隠退した

*11　上の注２の「共治王」が父子間の状況であったのに対して，この場合は血縁なくライバル関係にあった二

*12　フリードリヒ３世はローマで教皇の手で戴冠した最後の皇帝である

*13　マクシミリアン１世はトリエント大聖堂において教皇ユリウス２世の同意を得て戴冠。「選挙されたロー

*14　カール５世は教皇によって戴冠した最後の皇帝となった

*15　フェルディナント１世はアーヘンで戴冠した最後のドイツ王となった

*16　フェルディナント１世のカール５世後継の皇帝承認は1558年フランクフルトの選挙侯会議においてであった

この歴代ドイツ王・皇帝表及び皇帝・皇后表は以下の文献他を参考にして作成した

A. Fößel, Die Königin im mittelalterlichen Reich, Darmstadt 2000.
C. Zey, Imperatorikusu. si venerit Romam. ... Zu den Krönungen von Kaiserinnen im Mittelalter, in: Deutsches Archiv fü
J. Rogge, Die deutschen Könige im Mittelalter. Wahl und Krönung, Darmstadt 2006.

選挙／推載	国王載冠（場所）	皇帝（皇后）載冠*[1-2]	没年
911.11.10 Forchheim	なし	×	918
コンラート1世による指名/919.5 Fritzlarで公告	なし	×	936
929ハインリヒ1世の「家門規則」により指名/ 936父による再度の指名と推戴・歓呼	936.8.7Aachen	☆962.2.2	973
父オットー1世による指名&王推戴/ 973.5.8Merseburg：諸侯の臣従礼	961.5*[2]Aachen	・967.12.25/☆972.4.14	983
983.6Verona：王推戴	983.12.25Aachen	・996.5.21	1002
1002.6.7Mainz	1002.6.7Mainz	☆1014.2.14	1024
1024.9.2or4Kamba	1024.9.8Mainz	☆1027.3.26	1039
1026.2：父による指名	1028.4.14Aachen	☆1046.12.25	1056
1053Tribur：父による指名	1054.7.17Aachen	☆1084.3.31	1106
対立王（1077-1080）/1077.3.15Forchheim	1077.3.26Mainz		1080
対立王（1081-1088）/1081.8.6Ochsenfurt	1081.12.26Goslar		1088
1087父の指名と選挙/1098廃位	1087Aachen	×	1101
1098.5.10Mainz：父による指名と選挙	1099.1.6Aachen	・1111.4.13/☆1117.5.13	1125
1125.8.30Mainz	1125.9.13Aachen	☆1133.6.4	1137
1138.3.7Koblenz	1138.3.13Aachen	×	1152
1152.3.4Frankfurt/コンラート3世による指名	1152.3.9Aachen	・1155.6.18/☆1167.8.1	1190
1169.6Bamberg	1169.8.15Aachen	☆1191.4.15	1197
1198.3.6(Ichterhausen)&8(Mühlhausen)	1198.9.8Mainz 1205.1.6Aachen	×	1208
1198.6.9Köln 1208.11.10/11Frankfurt 1210.11.18教皇より破門/1211.復活祭：批准	1198.7.12Aachen 1208.11.10or11	・1209.10.4；1210破門	1218
1196末Frankfurt/1211秋Nurnberg 1212.12.5Frankfurt：オットー4世の対立王 1245.7.17リヨン公会議で教皇により「廃位」		☆1220.11.22	1250
1220.4.23Frankfurt/1235.7父により廃位	1222.5.8Aachen	×	1242
1237.2Wien：父による指名/1250父の死で継承	なし	×	1254
1246.5.22Würzburg近郊：対立王	なし	×	1247
1247.10.3Worringen近郊 1252.3.25Braunschweig	1248.11.1Aachen 1251教皇の認可	×	1256
1257.1.13Frankfurt城外	1257.5.17Aachen	×	1272
1257.4.1Frankfurt	なし	×	1284
1273.10.1Frankfurt	1273.10.24Aachen	×	1291
1292.5.5Frankfurt/1298.6.23廃位（マインツ大司教）	1292.6.24Aachen	×	1298
1298.6.24/1298.7.27Frankfurt	1298.8.24Aachen	×	1308
1308.11.27Frankfurt	1309.1.6Aachen	・1312.6.29	1313
1314.10.20Frankfurt城外	1314.11.25Aachen	☆1328.1.17	1347
1314.10.19Sachsenhausen 1322.9.28Mühldorfで戦敗/共治王*[11]（1325-30）	1314.11.25Bonn		1330

歴代ドイツ王・皇帝一覧（その１／コンラート１世〜フェルディナント１世）

王朝（家門）名	国王・皇帝名＊[1−1]	生年	国王・皇帝名原綴	血縁関係
フランケン家	★コンラート1世	ca.890	Konrad I.(911-918)	ザリアー家の祖先
オットー（ザクセン）朝	★ハインリヒ1世	ca.876	Heinrich I.(919-936)	ザクセン大公
	◎オットー1世（大帝）	912	Otto I.(936-973)	ハインリヒ1世の息子
	◎オットー2世	955	Otto II.(973-983)	オットー1世の息子
	◎オットー3世	980	Otto III.(983-1002)	オットー2世の息子
	◎ハインリヒ2世	973/978	Heinrich II.(1002-1024)	オットー2世の従兄弟
ザリアー朝	◎コンラート2世	ca.990	Konrad II.(1024-1039)	ヴォルムス伯
	◎ハインリヒ3世	1017	Heinrich III.(1039-1056)	コンラート2世の息子
	◎ハインリヒ4世	1050	Heinrich IV.(1056-1106)	ハインリヒ3世の息子
	＊ルードルフ・フォン・ラインフェルデン	1020/30	Rudolf von Rheinfelden	シュヴァーベン大公
	＊ヘルマン・フォン・ザルム	?	Hermann von Salm	ルクセンブルク伯
	★[コンラート3世][*3]	1074	Konrad (III.)	ハインリヒ4世の息子
	◎ハインリヒ5世	1086	Heinrich V.(1106-1125)	ハインリヒ4世の息子
ズップリンブルク家	◎ロタール3世	1075	Lothar III.(1125-1137)	ザクセン大公
シュタウフェン朝	★コンラート3世	1093	Konrad III.(1138-1152)	シュヴァーベン大公
	◎フリードリヒ1世（バルバロッサ）	ca.1122	Friedrich I.(1152-1190)	コンラート3世の甥
	◎ハインリヒ6世	1165	Heinrich VI.(1190-1197)	フリードリヒ1世の息子
	国王二重選挙[*4]			
	★フィリップ・フォン・シュヴァーベン[*5]	1177	Philipp von Schwaben (1198-1208)	ハインリヒ6世の末弟
ヴェルフェン家	◎オットー4世[*6]	1175/76	Otto IV.(1198-1214)	ハインリヒ獅子公の息子
シュタウフェン朝	◎フリードリヒ2世	1194	Friedrich II.(1212-1250)	ハインリヒ6世の息子
	★[ハインリヒ7世]	1211	Heinrich (VII.) (1222-1235)	フリードリヒ2世の息子
	★コンラート4世	1228	Konrad IV.(1237-1254)	フリードリヒ2世の息子
	ハインリヒ・ラスペ	ca.1204	Heinrich Raspe (1247-48)	チューリンゲン方伯
ホラント伯家	★ヴィルヘルム	1228	Wilhelm von Holland (1247-1256)	ホラント伯
＜大空位時代＞	国王二重選挙			
	★リチャード・オヴ・プランタジネット[*7]	1209	Richard of Cornwall (1257-1272)	コーンウォール伯
	アルフォンソ10世賢王[*8]	1221	AlfonsoX. El Sabio(1252-1284)	カスティリャ王
ハプスブルク家	★ルードルフ1世	1218	Rudolf I.(1273-1291)	ハプスブルク伯
ナッサウ伯家	★アドルフ	ca.1250	Adolf(1292-1298)	ナッサウ伯
ハプスブルク家	★アルブレヒト1	1255	Albrecht I.(1298-1308)	ルードルフ1世の息子
ルクセンブルク伯家	◎ハインリヒ7世	1278/79	Heinrich VII.(1308-1313)	ルクセンブルク伯
	国王二重選挙			
ヴィッテルスバッハ家	◎ルートヴィヒ4世[*9]	1281/82	Ludwig IV.(1314-1347)	バイエルン公
ハプスブルク家	フリードリヒ美王[*10]	1286/89	Friedrich der Schöne (1314-1330)	オーストリア公

1803	「帝国代表者会議主要決議」（教会諸侯領の還俗＝世俗領邦への併合）
1804	ナポレオンがフランス皇帝即位。フランツ 2 世はオーストリア皇帝を称す
1805	第三次対仏同盟戦争。オーストリア降伏，ナポレオンのウィーン入城 アウステルリッツの三帝会戦，ナポレオンの大陸制覇
1806	ライン同盟結成，南・西ドイツ諸侯が帝国から脱退（神聖ローマ帝国消滅）。ナポレオンの「大陸封鎖令」 第四次対仏同盟戦争（～ 1807）。プロイセン敗北，ナポレオンのベルリン入城。ティルジット条約（プロイセン屈服）
1807	プロイセンでシュタイン＝ハルデンベルクの改革始まる
1809	第五次対仏同盟戦争。オーストリア敗北，屈服
1812	ナポレオンのロシア遠征とその失敗
1813	ナポレオン支配からの解放戦争（～ 1814） ライプツィヒの戦い（諸国民戦争）
1814	ナポレオン退位 ウィーン会議（～ 1815 年 6 月）
1815	ワーテルローの戦い（6 月，ナポレオン敗れ「百日天下」終わる） 「ウィーン議定書」成立，「ドイツ連邦規約」制定（神聖ローマ帝国復活せず）。四国同盟，神聖同盟成立
1864	マックス・ヴェーバー生まれる（～ 1920）

1512	帝国クライス（管区）形成される
1517	ルターの「95 箇条の論題」
1521	ヴォルムス帝国議会（皇帝カール 5 世，ルターを召喚）
1527	皇帝軍ローマを劫略
1529	オスマン・トルコ軍による第一次ウィーン攻囲
1545	トリエント公会議（カトリックの改革）（～ 1563）
1546/47	シュマルカルデン戦争（新教派敗れる）
1555	アウクスブルク宗教和議
1618	三十年戦争（～ 1648）
1648	ウェストファリア条約（帝国の分裂確定）（フランス等とミュンスター条約，スウェーデン等とオスナブリュック条約）
1683	オスマン・トルコ軍による第二次ウィーン攻囲
1688	プファルツ継承戦争（フランス王ルイ 14 世のライン地方侵略）（～ 1697）
1700	スペイン継承戦争（スペインのハプスブルク家断絶による）（～ 1714）
1701	ホーエンツォレルン家のプロイセン王国成立（ブランデンブルク選帝侯領と合わせて帝国の第二勢力となる）
1717	マリア・テレジア生まれる（～ 1780：ハンガリー，ボヘミア女王，オーストリア大公）
1718	パッサロヴィッツ条約（ハプスブルク帝国最大版図）
1740	オーストリア継承戦争（～ 1748）
1745	マリア＝テレジアの夫フランツ 1 世が皇帝即位（～ 1765）
1749	ゲーテ生まれる（～ 1832）
1756	七年戦争（～ 1763）
1769	ナポレオン生まれる（～ 1821）
1770	ヘーゲル生まれる（～ 1831）
1772	三次にわたるポーランド分割（～ 1797）
1789	フランス革命勃発
1792	第一次対仏同盟戦争（～ 1797）
1795	ランケ生まれる（～ 1886）
1797	カンポ・フォルミオの和約（ライン左岸，ベルギー・ミラノの割譲，ヴェネツィア獲得）
1799	第二次対仏同盟戦争（～ 1802）
1801	リュネヴィルの和約（カンポ・フォルミオ和約を確認）

1294	教皇ボニファティウス8世（～1303）
1298	ゲルハイムの戦い（国王アドルフ・フォン・ナッサウがハプスブルク家のアルブレヒトと戦い敗死）
1303	アナーニ事件(フランス王フィリップ4世による教皇襲撃)
1308	国王アルブレヒト1世暗殺
1309	アヴィニョン教皇庁時代（～1377）
1312	ルクセンブルク家のハインリヒ7世の皇帝戴冠
1314	ルートヴィヒ4世とハプスブルク家のフリードリヒ美王の二重選挙
1322	ミュールドルフの戦い（ルートヴィヒ4世，フリードリヒ美王を破る）
1328	国王ルートヴィヒ4世のイタリア遠征（～1330），皇帝・皇后戴冠
1338	「レンス判告」と帝国法「リケット・ユーリス」制定
1340	ルーポルト・フォン・ベーベンブルク『王国かつ帝国の諸法論』を著す
1355	カール4世と后アンナ，ローマで皇帝・皇后戴冠
1356	「金印勅書」制定
1378	教会大分裂(シスマ)（～1417）
1389	皇帝カール4世のエーガーの「国内平和令」
1396	ニコポリスの戦い：ジギスムント（後の皇帝）の十字軍がスルタン・バヤジードのトルコ軍に大敗
1400	選帝侯による国王ヴェンツェルの廃位，ループレヒト・フォン・デア・プファルツの国王選挙
1414	コンスタンツ公会議（～1418：シスマの収拾，公会議主義優位，ボヘミアの改革者フスの異端裁判と火刑）
1419	フス戦争（～1436）
1433	「プラハ協約」(フス派の俗人聖盃承認)
1438	ハプスブルク家のアルブレヒト2世ドイツ王即位。以後同家の事実上の世襲
1439	『皇帝ジギスムントの改革』著される
1448	フリードリヒ3世の「ウィーン協約」(教皇ニコラウス5世)
1452	フリードリヒ3世と后エレオノーレ，ローマで皇帝・皇后戴冠
1453	コンスタンティノープル陥落，ビザンツ帝国滅亡。
1475	ノイスの攻囲戦
1483	ルター生まれる（～1546）
1495	マクシミリアン1世のヴォルムス帝国議会（帝国改革立法）

1138	シュタウフェン家のコンラート3世の国王即位
1154	フリードリヒ1世バルバロッサの第一次イタリア遠征（～1155）
1158	バルバロッサの第二次イタリア遠征（～1162） ロンカリアの野の帝国議会
1163	第三次イタリア遠征（～1164）
1166	第四次イタリア遠征（～1168）
1167	ロンバルディア都市同盟結成
1174	第五次イタリア遠征（～1178）
1177	ヴェネツィア条約（休戦）
1178	ザクセン・バイエルン大公ハインリヒ獅子公の召喚・裁判，両大公領没収（～1180）
1183	コンスタンツの和（ロンバルディア都市同盟との和約）
1184	第六次イタリア遠征（～1186）
1190	第3回十字軍途次のバルバロッサ（フリードリヒ1世）急死
1191	ハインリヒ6世と后コンスタンツェの皇帝・皇后戴冠
1197	皇帝ハインリヒ6世死後のドイツ王の二重選挙
1198	教皇インノケンティウス3世（教皇権の最盛期）（～1216）
1212	フリードリヒ2世マインツでドイツ王戴冠
1214	ブーヴィーヌの戦い（仏王フィリップ2世オーギュストがヴェルフェン家の皇帝オットー4世を破る）
1220	フリードリヒ2世と后コンスタンツェの皇帝・皇后戴冠 皇帝と教会諸侯との「教会諸侯との協約」
1220年代	アイケ・フォン・レプゴウの『ザクセン法鑑』成立
1231	『メルフィ勅令集』（シチリア王国の法律集成）
1232	皇帝フリードリヒ2世，世俗諸侯との「諸侯の利益のための取り決め」を確認
1254	ドイツ王コンラート4世没，シュタウフェン家衰退（～1268：4世の息子コンラーディン処刑）
1266	ベネヴェントの戦い（シャルル・ダンジューがナポリ・シチリアを奪取）
1256	大空位時代（～1273）
1273	ハプスブルク家のルードルフ1世の国王選挙
1278	マルヒフェルトの戦い（ボヘミア王敗死）
1281	ロエスのアレクサンダー『ローマ帝権の優位に関する覚書』を著す

神聖ローマ帝国史略年表

800	カール大帝の皇帝戴冠
812	アーヘン条約（ビザンツ皇帝ミカエル１世，カールを皇帝と承認）
843	ヴェルダン条約（フランク帝国三分割）
870	メルセン条約（東西フランク王国間でロートリンゲン分割）
880	リブモン条約（東フランク王国がロートリンゲン全域を獲得）
911	東フランク王国のカロリング家断絶。フランケン大公コンラート１世を国王に選挙
919	ザクセン大公ハインリヒ１世をドイツ王に選挙
925	ロートリンゲンを最終的に回復
951	オットー１世の第一次イタリア遠征（イタリア王国獲得）（～952）
955	レヒフェルトの戦い（オットー，ハンガリー人に大勝）
961	オットーの第二次イタリア遠征（～965）
962	ローマでオットー大帝と后アーデルハイトの皇帝・皇后戴冠（神聖ローマ帝国の始まりとされる）
982	オットー２世，南伊コトローネでアラブ軍に敗北
996	オットー３世の皇帝戴冠
1014	ハインリヒ２世と后のクニグンデの皇帝・皇后戴冠
1024	ザリアー家のコンラート２世の国王選挙
1033	ブルグント王国を正式に帝国に編入
1046	ストゥリ及びローマ公会議（ハインリヒ３世教会分裂を収拾）
	ハインリヒ３世，ローマで后アグネスとともに皇帝・皇后戴冠
1059	教皇ニコラウス２世，教皇選挙法を制定
1075	ドイツ王ハインリヒ４世，ザクセン貴族の反乱を収拾。 教皇グレゴリウス７世「教皇訓令書」。四旬節公会議で俗人による聖職叙任を禁止，叙任権闘争始まる
1076	ドイツ王による教皇の廃位宣言と教皇によるドイツ王の破門宣告
1077	カノッサ事件（「カノッサの屈辱」）
1084	ハインリヒ４世と后ベルタの皇帝・皇后戴冠
1122	ヴォルムス協約（皇帝ハインリヒ５世と教皇カリクストゥス２世）。叙任権闘争終結
1125	ザクセン大公ロタール３世の国王選挙

《著者紹介》

池谷文夫　いけや　ふみお

1948 年東京都に生まれる。1971 年早稲田大学第一文学部卒業。1977 年東京大学大学院人文科学研究科博士課程（西洋史学専攻）単位取得退学。1977 年茨城大学教育学部専任講師，以後，助教授を経て 1993 ～ 2014 年教授。現在，茨城大学名誉教授，博士（文学）。専門はドイツ中世史・政治史・政治思想史

主　著

『西洋中世像の革新』（共著）刀水書房 1995 年,『ドイツ史 1〈世界史大系〉』（共著）山川出版社 1997 年,『ドイツ中世後期の政治と政治思想』（単著）刀水書房 2000 年,『宮廷と広場』（共著）刀水書房 2002 年,『地中海世界史　第 2 巻〈多元的世界の展開〉』（共著）青木書店 2003 年,『幻影のローマ』（共著）青木書店 2006 年,『ウルバヌス 2 世と十字軍〈世界史リブレット　人 31〉』（単著）山川出版社　2014 年，ほか

訳　書

『宗教改革著作集　第 1 巻〈宗教改革の先駆者たち〉』（分担訳）教文館 2001 年，ほか

speculum historiae universalis

世界史の鏡　国家７
神聖ローマ帝国――ドイツ王が支配した帝国

2019年10月29日　初版１刷発行
2022年 6月 5日　初版３刷発行

著　者　池谷文夫
発行者　中村文江
発行所　株式会社 刀水書房
〒101-0065　東京都千代田区西神田2-4-1 東方学会本館
TEL 03-3261-6190　FAX 03-3261-2234　振替00110-9-75805
組版　MATOI DESIGN
印刷　亜細亜印刷株式会社／製本　株式会社ブロケード

ISBN978-4-88708-512-1　C1322

世界史の鏡 第1期51冊（＊は既刊／タイトルは刊行時変更の場合もあります）

＊0『歴史家たちのユートピアへ』 樺山紘一

A 地域
グローバルとローカル

1『ワインを運ぶ葡萄色の海』…… 本村凌二
2『“ケルト辺境”イメージの源をたずねて』 永井一郎
3『インド洋』…… 長島 弘
4『アンデス山地』…… 高橋 均
5『レキオの男たちの世界』…… 赤嶺 守
＊6『ハイチの栄光と苦難』…… 浜 忠雄
＊7『ナイル』…… 加藤 博
8『ドナウ』…… 大津留厚
9『崩壊する世界帝国』…… 木畑洋一
＊10『イブラヒム，日本への旅』…… 小松久男

B 国家
王と民のあいだ

1『王と皇帝の伝説』…… 鶴間和幸
2『朝鮮古代国家の生成』…… 濱田耕策
3『混血の中華帝国』…… 窪添慶文
4『緋色の帝国』…… 大月康弘
5『中世シチリアの謎に惹かれて』 高山 博
6『忘れられた歴史』…… 杉山正明
＊7『神聖ローマ帝国』…… 池谷文夫
8『奴隷が宰相となる国』…… 鈴木 董
9『ヴェルサイユ“劇場”』…… 安成英樹
10『タイ王朝の近代』…… 村嶋英治

C 都市
多面性のなかの都市像

1『植民する都市』…… 亀長洋子
2『アントウェルペン』…… 河原 温
＊3『ジハードの町タルタース』…… 太田敬子
＊4『イタリア都市の諸相』…… 野口昌夫
5『サハラ交易と落人のオアシス』 私市正年
＊6『マルセイユの都市空間』…… 深沢克己
7『二つのロンドン逍遥記』…… 見市雅俊
8『移民が作る都市』…… 北村暁夫
9『プラハ』…… 篠原 琢
10『近代上海のNPO』…… 小浜正子

D 情報
コミュニケーションとしての文化

1『インド系文字』…… 町田和彦
2『ヨーロッパ「死の舞踏」巡礼』 小池寿子
＊3『本を読むデモクラシー』…… 宮下志朗
＊4『中国明末のメディア革命』…… 大木 康
5『可視化される“言語”』…… 鈴木広光
＊6『イギリス発見の旅』…… 指 昭博
7『グローバルヒストリーとしての「西洋音楽史」』 渡辺 裕
8『オリエンタリズム』…… 杉田英明
9『切手の中のイスラーム世界』 内藤陽介
10『政治とジャーナリズムの攻防』 谷藤悦史

E 環境
自然と人為の接点

＊1『歴史を変えた火山噴火』…… 石 弘之
2『農業と遊牧の交わる都・北京』 妹尾達彦
3『東南アジアの自然と社会』 弘末雅士
4『焼け付く大地・溢れる流れ』 水島 司
5『砂漠に生きる』…… 川床睦夫
6『アフリカの環境史』…… 池谷和信
＊7『ロビン・フッドの森』…… 遠山茂樹
8『美観と日常』…… 徳橋 曜
＊9『森と川』…… 池上俊一
10『緑園都市の誕生』…… 山之内克子

第2期予定

F 宗教 文明への活力
G 産業 作ること、働くこと
H 戦争 前線と銃後と和平
I 生活 日常の社会空間
J 歴史 叙述と探究の営み